Podcasting

Das Buch
zum Audiobloggen

O'REILLY®

Annik Rubens

Kommentare und Fragen können Sie gerne an uns richten:
O'Reilly Verlag.
Balthasarstr. 81
50670 Köln
Tel.: 0221/9731600
Fax: 0221/9731608
E-Mail: kommentar@oreilly.de

Copyright:
© 2006 by O'Reilly Verlag GmbH & Co. KG
1. Auflage 2006

Bibliografische Information Der Deutschen Bibliothek
Die Deutsche Bibliothek verzeichnet diese Publikation in der
Deutschen Nationalbibliografie; detaillierte bibliografische
Daten sind im Internet über http://dnb.ddb.de abrufbar.

ISBN-10 3-89721-459-8
ISBN-13 978-3-89721-459-0

Dieses Buch ist auf 100% chlorfrei gebleichtem Papier
gedruckt.

Podcasting
Das Buch zum Audiobloggen

von Annik Rubens

DEUTSCHE AUSGABE

Lektorat: Inken Kiupel, Köln

Korrektorat: Geesche Kieckbusch, Hamburg

Satz: G&U GmbH, Flensburg
www.GundU.net

*Fotografien auf den
Seiten iii, vii, 1, 15, 33,
61, 77, 87, 95:* Michael Henri Oreal, Köln
www.oreal.de

*Umschlag-
gestaltung:* Michael Henri Oreal, Köln

Produktion: Andrea Miß, Köln

*Belichtung,
Druck und
buchbinderische
Verarbeitung:* Media-Print, Paderborn

Inhalt

vii ▶ **Intro**
viii   Was ist ein Podcast?
xi   Die Zeit ist reif für Podcasting

1 ▶ **Podcasts hören** · **Kapitel 1**
2   Was gibt es da draußen?
3   Wie höre ich Podcasts?

15 ▶ **Podcaster im Porträt** · · · · · · · · · · · · · · · · · **Kapitel 2**
16   Die Podcast-Pioniere
21   Kleinode der Szene
27   Erfolgsgeschichten
29   Kommerzielle Podcasts

33 ▶ **Podcasts produzieren** · · · · · · · · · · · · · · · · · **Kapitel 3**
34   Die günstigste Grundausstattung
41   Software und Hoster
50   Ran an den Speck: Die erste Folge
53   Soundseeing
54   Interviews führen
55   Freiwillige Selbstkontrolle
56   Kurz was für Streber

61 ▶ **Goldene Regeln** · **Kapitel 4**
62   Regelmäßigkeit
63   Authentizität
64   Interaktivität
68   Wiedererkennungseffekte

69		Nerven bewahren
70		Gute Organisation
72		Die rechtliche Seite

77	▶	**Eigenwerbung**	**Kapitel 5**
78		Die eigene Homepage	
79		Promos	
80		Gastauftritte und Networking	
81		Kommentare nicht zu ernst nehmen	
82		Podcast-Wettbewerbe	
83		Interviews geben	
84		Podcast-Verzeichnisse	

87	▶	**Geld verdienen**	**Kapitel 6**
88		Finanzierungsmodelle	
89		Affiliates	
92		Spenden sammeln	
93		Sponsoren suchen	
94		Podcast-Werbedienste	

95	▶	**Outro**	**Kapitel 7**
96		Was bringt die Zukunft?	

98	▶	**Index**

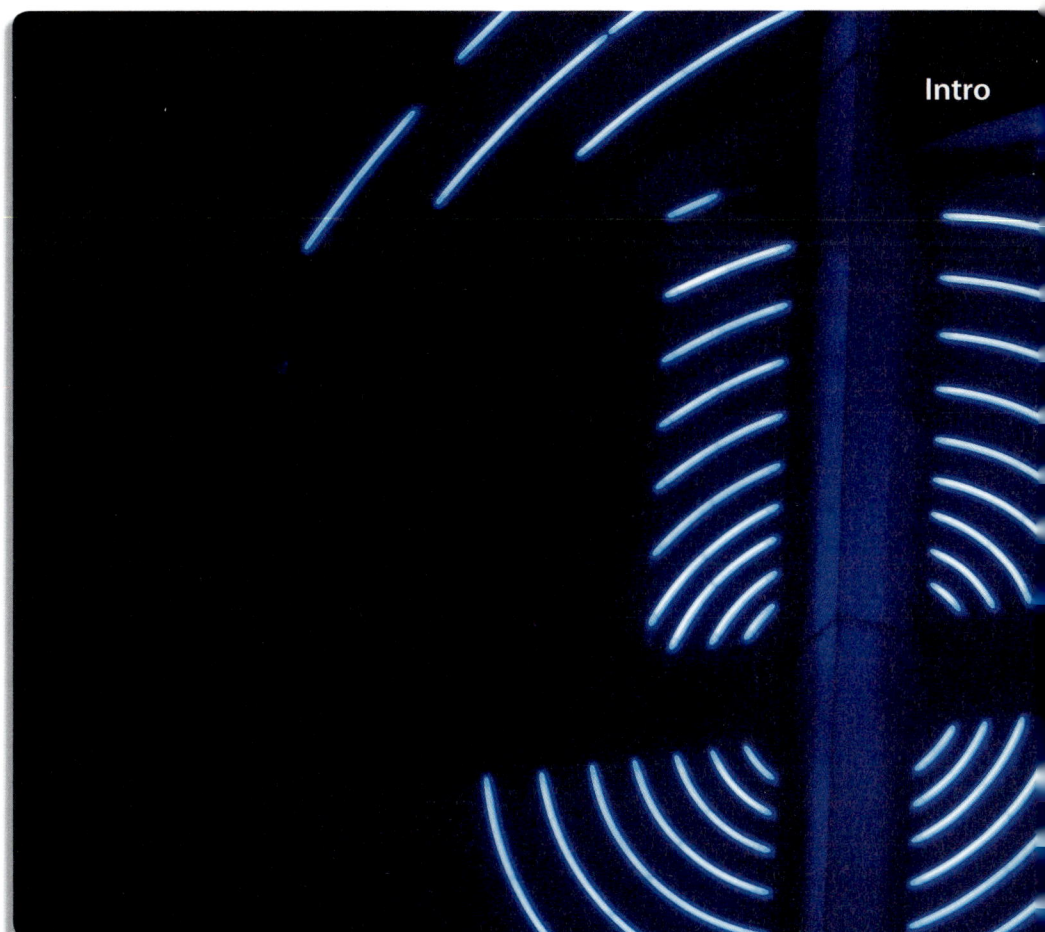

Podcasts hören

Podcaster im
Porträt

Podcasts
produzieren

Goldene Regeln

Eigenwerbung

Geld verdienen

Outro

Was ist ein Podcast?

Wie macht man die perfekte Spaghetti-Soße? Wie hält man einen Marathon durch? Was tun, wenn die kleine Tochter einen Wutanfall bekommt? Fragen gibt es viele. Antworten auch, seit es das Internet gibt. Natürlich könnte man all das googeln oder Wikipedia befragen. Viel mehr Spaß macht es aber, wenn man sich die Antworten erzählen lässt, von Mensch zu Mensch. Möglich wird dies durch Podcasts, denn der Themenvielfalt sind hier keine Grenzen gesetzt.

Ein Podcast ist eine kleine Sendung im Internet, die man beispielsweise auf einen iPod übertragen und unterwegs hören kann. Das kann Musik sein, eine Radio-Talkshow, eine Uni-Vorlesung oder eine Art hörbares Tagebuch. Aber das ist noch nicht alles. Denn was einen richtigen Podcast ausmacht, ist die Möglichkeit, ihn sehr einfach regelmäßig zu hören. Wenn einmal alles richtig eingestellt ist, dann lädt der Computer automatisch die neuesten Folgen des Lieblingspodcasts herunter. So gibt es immer neuen Hörstoff, den man dann entweder direkt am Computer hören oder auf einem beliebigen MP3-Player mitnehmen kann. Man könnte das Ganze mit einem Videorekorder vergleichen: Wenn man die *Lindenstraße* einmal programmiert hat, wird sie dank des VPS-Signals jeden Sonntag automatisch aufgezeichnet. Genau so funktioniert Podcasting.

Das Schöne an Podcasts ist, dass sie keinen Regeln unterliegen und auch weitgehend ohne Regulierungen auskommen – sowie zumeist kostenlos sind. Jeder kann mit einer geringen technischen Grundausstattung einen Podcast machen. So entdeckt man in Podcasts oft sehr spezielle Themen und ungeschliffene Stimmen, die man nie im Radio hören würde. Massentauglich muss hier nichts sein. Gerne wurde Podcasting daher in der Presse als „Radio von und für Jedermann" bezeichnet.

Geschichte eines Trends

Warum nicht Videodateien zum regelmäßigen Download anbieten und damit das Fernsehen ins Internet bringen? Diese Idee hatten im Jahr 2000 der ehemalige MTV-Modera-

Der Rekord-Podcast

Wie viele Podcasts sich da draußen tummeln, weiß niemand genau – und stündlich werden es mehr. Dienste wie *www.podcastalley.com* zeigen aber in ihren Statistiken, wie der derzeitige Stand ist (16.000 im März 2006) – in Deutschland kann man *www.podster.de* als Barometer verwenden (1.500 deutschsprachige Podcasts im März 2006). Im Guinness Buch der Rekorde 2007 wird jedenfalls „The Ricky Gervais Show" als der Podcast mit den meisten Downloads zu finden sein: Im Dezember 2005 ging der Brite erstmals auf Sendung, und schon im ersten Monat will er pro Folge durchschnittlich 261.670 Downloads erzielt haben. Natürlich ließen das viele Podcaster nicht auf sich sitzen: „This Week in Tech" will im Januar 2005 auf 289.540 Downloads gekommen sein. Und Gervais ist im März angeblich schon bei 400.000 Downloads.

tor und Dotcom-Millionär Adam Curry und RSS-Pionier und Programmierer Dave Winer. Da aber Videodateien zu groß waren, grübelte Curry über Audiodateien nach und begann Mitte 2004 ein bisschen zu programmieren. Er brauchte vier Wochen, bis er ein Programm ausgetüftelt hatte, das Video- oder Audiodateien mit einer Abo-Funktion (dem RSS-Feed von Programmierer Dave Winer) verband. Er stellte das rudimentäre Programm ins Internet und andere Programmierer machten sich darüber her, verbesserten es und erweiterten es für verschiedene Betriebssysteme. Der iPodder war geboren.

Da aber ein Abo-Programm ohne Inhalt wenig Sinn macht, fing Curry an, zu Hause eine regelmäßige MP3-Show aufzuzeichnen, den Daily Source Code. Am 13. August 2004 ging seine erste Show online. Fehlte nur noch ein Wort für dieses neue Hobby. Ein Journalist des britischen Guardian setzte also im Februar 2004 den beliebtesten und am meisten verkauften MP3-Player iPod von Apple zusammen mit dem englischen Wort für „senden" – „to broadcast" – und fertig war das „Podcasting". Oder war es doch Dannie Gregoire aus Kentucky, der sich das Wort ausdachte? Da streiten sich die Kenner …

Intro

Podcasts hören

Podcaster im
Porträt

Podcasts
produzieren

Goldene Regeln

Eigenwerbung

Geld verdienen

Outro

X

Eine Geschichte voller Missverständnisse

Die Wortwahl im Podcasting führt oft zu Missverständnissen. Zwei davon sollen hier sofort ausgeräumt werden. Hat Podcasting etwas mit dem iPod zu tun? Nicht wirklich. Podcasts kann man auf jedem MP3-Player hören, man kann sie auch einfach nur am Computer hören. Für Apple bedeutet das Phänomen kostenlose Eigenwerbung – immer wenn ein Podcast erwähnt wird, wird automatisch für Apple geworben, ohne dass der Konzern dafür etwas investiert hat.

Das andere Missverständnis: Kostet es etwas, wenn ich einen Podcast abonniere? Nein! Bislang sind alle in iTunes gelisteten Podcasts kostenlos. Abonnieren hat also nichts mit Zeitungsabos zu tun, sondern lediglich damit, dass ich automatisch die neuesten Folgen bekomme – ohne etwas bezahlen zu müssen. Wenn ein Podcast etwas kostet, so muss noch einmal gesondert darauf hingewiesen werden.

Die Zeit ist reif für Podcasting

Weblogs sind mittlerweile ein fester Bestandteil der Medienwelt. Jeder kann sein eigenes Internet-Tagebuch führen, und manche davon sind politisch und journalistisch auf so hohem Niveau, dass sie durchaus meinungsbildend sind. Podcasts können als hörbare Weblogs verstanden werden und sind daher eine Weiterentwicklung des Massenphänomens. Sobald die nötige Software verfügbar war, explodierte der Trend im Internet. Erst wusste keiner, wovon die Rede war, Google spuckte im September 2004 gerade einmal 26 Treffer aus. Mittlerweile finden Suchmaschinen mehr als 120 Millionen Einträge zum Podcasting. Das New Oxford American Dictionary kürte aufgrund der überwältigenden Präsenz das Wort „Podcast" sogar zum Wort des Jahres 2005.

Eigentlich ist die Technik nicht wirklich neu, denn MP3-Dateien gibt es schon lange im Internet. 2005 feierte das MP3-Format sogar schon seinen zehnten Geburtstag. Aber der Zeitpunkt für die Geburtsstunde des Podcasting war genau richtig gewählt: Immer mehr Menschen haben einen MP3-Player, vorzugsweise den einfach zu bedienenden iPod des Marktführers Apple, der im Oktober 2001 auf den Markt kam. Sogar die Königin von England hat einen, ebenso der Papst – und Modezar Karl Lagerfeld gleich mehrere. Apple hat sich das ehrgeizige Ziel gesteckt, 340 Millionen iPods zu verkaufen – da kommt es natür-

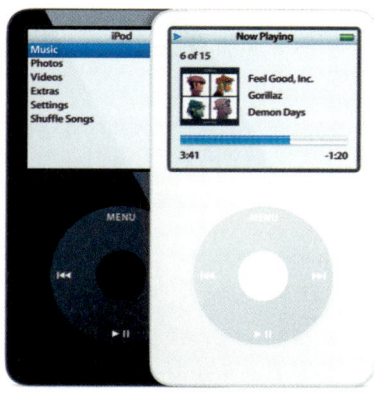

lich wie gerufen, wenn hier gleich die gesamte Art der Mediennutzung über den Haufen geworfen wird und nicht nur die trendbewussten Teenager das Gefühl haben, ohne iPod das Wichtigste im Leben zu verpassen.

Podcasts hören

Podcaster im
Porträt

Podcasts
produzieren

Goldene Regeln

Eigenwerbung

Geld verdienen

Outro

Immer mehr Menschen haben zudem Zugang zu einer schnellen Breitbandverbindung ins Internet, oft verbunden mit einer Flatrate. Die Größe eines Downloads oder die im Internet verbrachte Zeit bereiten so keine schlaflosen Nächte mehr.

Auch die Macher von Podcasts haben es mittlerweile einfacher, denn die Ausrüstung, um einen Podcast aufzuzeichnen, ist billiger geworden, die Software ist kostenlos und die Computer sind so schnell, dass die Audiobearbeitung von großen Datenmengen zu Hause kein Problem mehr darstellt.

Aber nicht nur die Technik hat dem Podcasting den Weg geebnet, sondern auch die Medienlandschaft. Die meisten Menschen haben das kommerzielle Radio mit seinen nervenden Gewinnspielen, der immer gleichen Musik, den stromlinienförmigen Moderatoren und ständigen Werbeunterbrechungen satt. Individualisierung ist das wichtige Schlüsselwort vor allem bei jungen Leuten: Sie wollen einzigartig sein. Und so soll, neben dem durch Klingeltöne und Logos veränderten Handy, auch der MP3-Player ein individuelles Programm abspielen.

Der Medienkonsum steigt

Zehn Stunden täglich verbringt jeder Bundesbürger im Schnitt mit den Medien. Das hat die Studie „Massenkommunikation 2005" ergeben, die von der ARD/ZDF-Medienkommission in Auftrag gegeben wurde. Danach sieht jeder Erwachsene durchschnittlich drei Stunden und 40 Minuten fern. Er hört dazu drei Stunden und 41 Minuten Radio. Immerhin 44 Minuten täglich verbringen die Deutschen im Internet – das bei fast 60 Prozent verfügbar ist. 45 Minuten lang wird Musik gehört, über CDs oder MP3-Player. Gerade einmal 28 Minuten bleiben für die Tageszeitung, 25 Minuten für Bücher.

Podcasting ist global, es kennt durch seine Verbreitung über das Internet keine Begrenzungen, weder inhaltlich noch geografisch. So kann man hier in Deutschland Podcasts aus Korea, Australien oder Amerika hören, und sich damit die lästigen täglichen Pendelfahrten zur Arbeit versüßen – oder die Hausarbeit. Bügeln und im Stau stehen machen erwiesenermaßen mehr Spaß, wenn ein Podcast mit dabei ist.

Podcasting in Deutschland

Deutschland hinkt Amerika zwar noch etwas hinterher, was die Qualität und Vielfalt der Podcasts angeht, es hat sich aber dennoch zu einem wichtigen Podcast-Zentrum entwickelt. Nach gut einem Jahr tummelten sich schon 1.000 deutsche Podcaster auf dem Markt – Tendenz steigend.

Der erste deutsche Podcast startete am 2. Oktober 2004, als der junge Berliner Nicolas Oestreich sein Online-Magazin mit Audiobeiträgen aufpeppte. Zwei Wochen später ging Thomas Wanhoff auf Sendung, im November dann Nicole Simon. In den Monaten darauf sprang die zweite Welle an, und ab Ende Juni dann wurde eine breitere Öffentlichkeit auf das Phänomen aufmerksam, als Apple Podcasting in seinen überaus erfolgreichen iTunes Music Store integrierte. Salonfähig wurde das Medium im August, als die renommierte Tagesschau der ARD einen Podcast bereitstellte. „Damit haben wir es geschafft, auch junge Menschen für ein klassisches Fernsehformat zu begeistern", kommentierte Jörg Sadrozinski, Redaktionsleiter von tagesschau.de in Hamburg.

Schlaflos in München

„Schlaflos in München" ging am 21. März 2005 zum ersten Mal online und das ganz still und leise. Eigentlich hatte ich nach meinen ehemaligen Lieblingsmoderatoren im Internet gesucht, denn als Teenager liefen auf meiner Stereoanlage ständig Stimmen wie Casey Kasem oder Shadoe Stevens auf „Voice of America" und natürlich Phil Tintner vom österreichischen Blue Danube Radio. Keinen der drei habe ich als Internet-Radiomacher wiedergefunden, dafür aber Adam Curry. Ein paar Tage lang hörte ich also den „Daily Source Code". Dann begann ich in meinen Kisten der Jugendträume zu kramen. Denn da drin versteckt, inmitten von verstaubten Musikinstrumenten, waren jede Menge Kabel und Mikrofone zu finden. Bis nachts um halb vier brauchte ich allerdings, um endlich einen wirklich brauchbaren Podcast fertig zu haben – daher der dann extrem spontan und unbedacht gewählte Titel „Schlaflos in München". Seitdem ist Podcasting für mich so etwas wie Zähneputzen geworden: Es muss einfach täglich sein.

Intro

Podcasts hören

Podcaster im
Porträt

Podcasts
produzieren

Goldene Regeln

Eigenwerbung

Geld verdienen

Outro

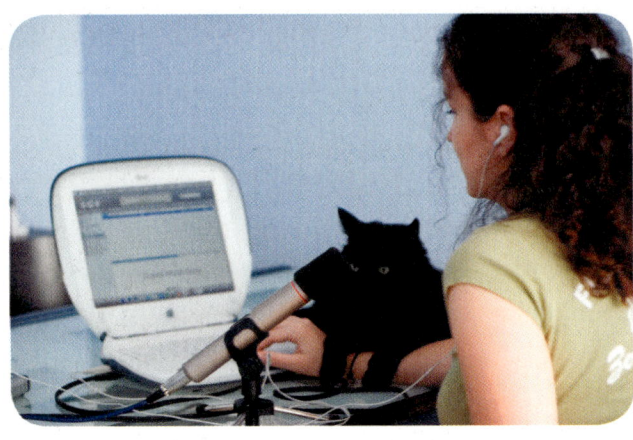

Annik Rubens (© Sebastian Widmann)

Dieses Buch soll kurz beschreiben, wie man Podcasts hören und selber produzieren kann, wer die interessantesten Podcaster sind und worauf man nach der Produktion achten sollte. Dabei geht es nicht um Vollständigkeit, sondern um die einfachsten und gängigsten Wege, die schnell zum Erfolg führen. Es basiert zudem auf persönlichen Erfahrungen und Erkenntnissen, denn Podcasting hat mein Leben verändert – auch wenn das klingt wie eine bezahlte Werbebotschaft. Meinen eigentlichen Beruf, den Print-Journalismus, habe ich fast vollständig an den Nagel gehängt. Stattdessen habe ich die Möglichkeit bekommen, für Bayern3 eine eigene kleine wöchentliche Rubrik, die PodParade, zu produzieren, für das Hörbuch-Downloadportal Audible einen monatlichen Hörletter mit interessanten Neuvorstellungen und Bestsellern zu basteln und mich für verschiedene Tonaufnahmen in Tonstudios herumzutreiben. Dazu kommen interessante Einladungen zu Podiumsdiskussionen und Kongressen oder auf Messen und nicht zuletzt spannende Begegnungen mit Menschen wie der amerikanischen Blog-Koryphäe Jeff Jarvis. Podcasting hat mir einen völlig neuen Arbeitsalltag beschert, der Spaß macht, abwechslungsreich ist und mir nach Enttäuschungen in vorangegangenen Jobs neues Selbstvertrauen gegeben hat.

Intro

Podcasts hören

Podcaster im
Porträt

Podcasts
produzieren

Goldene Regeln

Eigenwerbung

Geld verdienen

Outro

Was gibt es da draußen?

Alles! Es gibt einen niederländischen Priester, der als „Catholic Insider" aus dem Vatikan berichtet, dann aber auch gerne mal über Star Wars oder Harry Potter spricht. Dann ist da ein Pilot, der auf seinen Flugreisen in „Fly Away" den Stewardessen das Mikrofon unter die Nase hält, oder der Hardcore-Podcaster, der im „Daily Download" mehr oder weniger live von der Toilette berichtet. Teenager quatschen über Pickel und Liebeskummer, es gibt private Sprachkurse von Mandarin bis Russisch, dazu natürlich Kochtipps oder das Neueste rund um den Mac oder die ständig fluchende und polternde Drag-Queen Madge Weinstein.

Die ersten Uni-Vorlesungen tauchen ebenfalls schon im neuen Format auf, und für Filmfreunde gibt es täglich Originalzitate aus Hollywood, für Musikfans Songs aus allen Sparten. In Wahlkampfzeiten war auch durchaus mal ein „iKauder" oder ein SPD-Podcast in den Listen zu entdecken, und Priester haben festgestellt, dass sie durch das Internet mehr Schäfchen erreichen als in ihrer Heimatgemeinde. Liebenswerte, schräge und manchmal auch nervtötende Programme für den Weg zur Arbeit in der U-Bahn oder im täglichen Stau.

Mittlerweile gibt es sogar schon die erste Suchmaschine eigens für Podcasts. In Podscope (*http://www.podscope.com*) gibt man Suchwörter ein und bekommt anschließend eine Liste mit möglichen Treffern. Hier geht es angeblich auch um gesprochene Inhalte – bei deutschen Wörtern geht die Maschine allerdings noch schnell in die Knie.

Den Überblick bewahren

Es ist schwer, gutes Hörfutter zu finden im riesigen und stetig wachsenden Podcast-Dschungel. Praktisch ist da beispielsweise die Podcastschau (*http://www.podcastschau.de*), in der Frank Tentler regelmäßig diverse Podcasts vorstellt. Oder der PodFinder von Adam Curry (*http://podfinder.podshow.com/*), der aber fast ausschließlich englische Podcasts anpreist. Einen Podcast pro Woche stelle ich in der PodParade von Bayern3 vor (*http://www.br-online.de/br-intern/thema/download/podparade.xml*). Bei allen drei Podcasts gilt: Auch mal nach alten Folgen stöbern!

Wie höre ich Podcasts?

Es gibt mittlerweile schon Uhren und Sonnenbrillen, die automatisch Podcasts herunterladen und abspielen können. Doch das ist eher etwas für James Bond und Inspector Gadget. Die meisten Podcasts kann man direkt auf der entsprechenden Internetseite anhören oder herunterladen. Auf die Dauer fährt man allerdings deutlich besser, wenn man sich mit Hilfe von Podcast-Verzeichnissen über aktuelle Beiträge informiert und seine Lieblingspodcasts mit einem Podcast-Client (auch Podcatcher genannt) abonniert. Daher hier die häufigsten und leichtesten Möglichkeiten, regelmäßig Podcasts zu hören – allesamt kostenlos.

iTunes

iTunes ist das Apple-Pendant zum Windows Media Player. Mit beiden Programmen kann man Musik- und Videodateien abspielen. Viele PC-Nutzer wissen allerdings nicht, dass es iTunes (die „digitale Jukebox", wie Apple das Programm gerne nennt) auch in einer kostenlosen Windows-Variante gibt, die man im Internet herunterladen kann (*www.apple.com/de/itunes*, rund 34 MB).

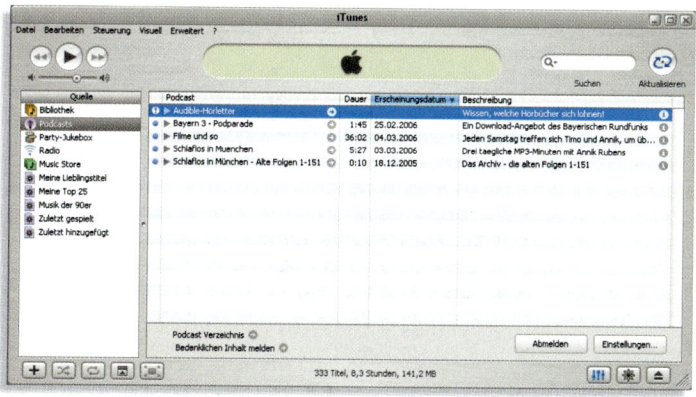

iTunes von Apple

Intro

Podcasts hören

Podcaster im
Porträt

Podcasts
produzieren

Goldene Regeln

Eigenwerbung

Geld verdienen

Outro

iTunes zeichnet sich dadurch aus, dass es besonders übersichtlich und leicht zu bedienen ist. Zudem macht es die Synchronisation mit einem iPod zum Kinderspiel. Genau das wird oft auch kritisiert – weil von manchen Podcast-Hörern eine Monopolisierung des Marktes vermutet wird. Über den integrierten iTunes Music Store wurden bereits über eine Milliarde Songs verkauft.

iTunes Music Store

Für Podcast-Hörer wurde iTunes am 28. Juni 2005 interessant: Mit der neuen Version 4.9 des Programms tauchte plötzlich ein kleiner aber auffälliger und äußerst hartnäckiger (weil anfangs nicht zu löschender) Button auf: ein kleines Männchen in einem violettfarbenen Kreis in der linken Menüleiste. Neugierig darauf geklickt, führt dieses Männchen zum Podcast-Verzeichnis, das nahtlos in den iTunes Music Store integriert ist. Hier findet man knapp zwei Dutzend hervorgehobene Podcasts, die jede Woche von der iTunes-Redaktion erneuert werden. Dazu gibt es eine Liste mit den Top 25 der Podcasts. Diese Liste bezieht sich auf das jeweilige Land. Mit einem deutschen Computer im deutschen Netz wird man also automatisch auf die Top 25 der deutschen Nutzer geleitet. Bei der Präsentation des neuen Programm-Features rief Apple-Chef Steve Jobs die viel zitierten Worte ins Publikum: „Podcasts sind der heißeste Trend im Radio".

Die mysteriösen Top 25

Wie sich die Top 25 zusammensetzen, ist ein gut gehütetes Geheimnis. Die am häufigsten kolportierte Methode ist, dass sie jene 25 Podcasts darstellt, die in den vergangenen 24 Stunden die meisten Neuabonnenten verzeichnen konnten. Eigentlich fair – denn so kann auch ein Neuling zumindest für wenige Stunden oder Tage die Tagesschau oder andere Riesen von Platz 1 vertreiben.

Gleich zu Beginn im Juni 2005 waren 3.000 Podcasts im Verzeichnis zu finden. Mit einem einzigen Mausklick kann man die gewünschten Podcasts abonnieren und bekommt so die neuesten Folgen automatisch heruntergeladen. In den ersten zwei Tagen wurden schon über eine Million Podcasts heruntergeladen – allein bei „Schlaflos in München" kletterte die Download-Zahl praktisch über Nacht von 1.000 Downloads pro Folge auf 7.000. Für Apple war der Einstieg in die Podcast-Welt ein Erfolg auf der ganzen Linie, und das ist natürlich durchaus gewollt. Denn der größte iPod hat eine Festplatte mit 60 GB Fassungsvermögen. Wer im iTunes Music Store Musik kaufen möchte, um diesen iPod zu füllen, müsste rund 12.000 Euro ausgeben. Also setzt Apple seit dem 12. Oktober 2005 auf

Intro

Podcasts hören

Podcaster im
Porträt

Podcasts
produzieren

Goldene Regeln

Eigenwerbung

Geld verdienen

Outro

speicherintensive Videoclips (bislang in Deutschland nur Musikvideos und Trickfilme der Firma Pixar, in den USA bereits Fernsehserien wie *Lost* und *Desperate Housewives*), zum anderen eben auf günstiges Hörfutter, und da sind Podcasts das gefundene Fressen.

Zwei Wege führen zum Podcast-Verzeichnis bei iTunes. Entweder man klickt auf das lilafarbene Podcast-Männchen in der linken Menüleiste, wartet, bis sich daraufhin im Hauptfenster eine zu Beginn noch leere Tabelle aufgebaut hat, und klickt dann ganz unten auf die Zeile *Podcast Verzeichnis*. Oder man manövriert sich erst in den Music Store und klickt dort auf das Stichwort *Podcasts* in der linken Spalte.

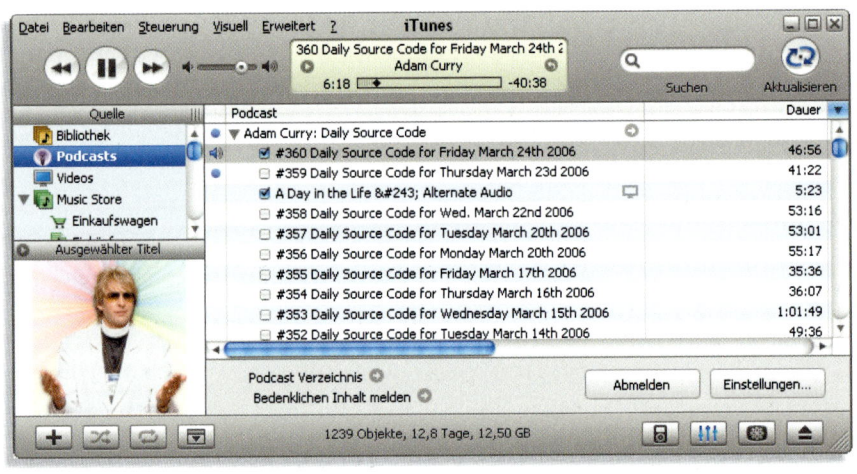

Das Podcast-Verzeichnis von iTunes lässt sich per Mausklick auf das Podcast-Icon aufrufen …

Ziel erreicht! Das Podcast-Reich ist lila. Diese Seite ist schön übersichtlich in verschiedene Bereiche aufgeteilt. Links ist eine Spalte, in der man ein Suchfeld findet sowie die verschiedenen Rubriken. In der Mitte werden jede Woche neu einige besonders interessante Podcasts von der Redaktion hervorgehoben. Rechts ist die Spalte mit den Top Podcasts.

... oder über den Music Store erreichen.

Podcasts suchen

Sucht man nun nach passendem Hörstoff in der Podcast-Rubrik, so gibt es dafür mehrere Möglichkeiten. Man kann natürlich ein Schlagwort in das Suchfeld eingeben, das funktioniert auch mit Autoren (beispielsweise „schlaflos", „deutsch" oder „Annik Rubens"). Wenn man aber nicht genau weiß, was man eigentlich sucht, empfiehlt es sich, erst einmal im Verzeichnis zu stöbern. Dazu klickt man in der linken Spalte auf eine der Rubriken. Bei der Suche nach deutschen Podcasts empfiehlt es sich, auf *International* zu klicken. Anschließend öffnet sich ein eher farbloser, aber praktischer Bildschirm in Tabellenform, mit dem man die Suche weiter verfeinern und beispielsweise die Sprache auswählen kann.

Intro

Podcasts hören

Podcaster im
Porträt

Podcasts
produzieren

Goldene Regeln

Eigenwerbung

Geld verdienen

Outro

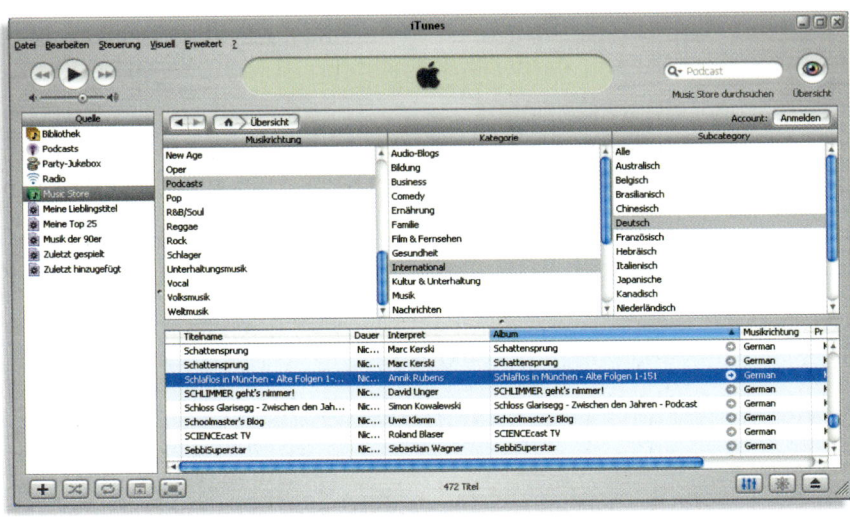

Podcast-Suche nach Rubriken

Hat man einen Podcast entdeckt, der viel versprechend klingt, muss man nicht die Katze im Sack kaufen und gleich die ganze Datei herunterladen. Jede Episode lässt sich leicht durch einen Doppelklick eineinhalb Minuten lang vorhören. Wer noch mehr Infos möchte, der kann auch auf den kleinen grauen Pfeil neben dem Podcast-Titel klicken und wird dann entweder direkt zur Internetseite des Podcasters geleitet oder zur Detailseite in iTunes. Hier gibt es eine kurze Beschreibung zum Podcast sowie die Hörerrezensionen. Aber Vorsicht: Diese sind extrem subjektiv!

Der Spaghetti-Podcast klingt gut? Na dann einfach ganz rechts auf den Button *Episode holen* klicken, und schon beginnt der Ladevorgang. Automatisch wird man nach diesem Schritt auf die persönliche Podcast-Tabelle katapultiert, die sich hinter dem anfangs erwähnten lilafarbenen Männchen verbirgt. Zum Weiterstöbern einfach wieder links auf *Music Store* klicken und schon ist man wieder da, wo man gerade aufgehört hat zu suchen.

Podcasts abonnieren

Damit man nicht jeden Tag oder jede Woche diese Such- und Ladeprozedur hinter sich bringen muss, kann man Podcasts abonnieren. Dazu klickt man entweder auf der Detailseite des Podcasts auf den Button *Abonnieren*, oder man wählt die gleiche Funktion, wenn man in seinem persönlichen Podcast-Verzeichnis ist und dort schon eine Episode des Podcasts liegen hat. Hier kann man die Podcasts jederzeit auch abbestellen, indem man unten auf *Abmelden* klickt, beispielsweise wenn man einfach zu wenig Zeit hat, um jede Folge zu hören. Sobald ein Podcast abonniert ist, erscheinen auch die ganzen alten Folgen, die man sich nachträglich natürlich herunterladen kann, indem man auf den Button *Episode holen* klickt.

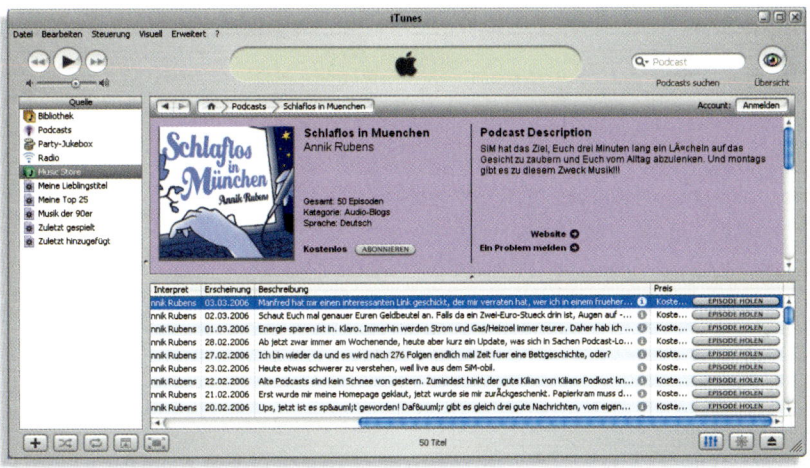

Podcasts abonnieren

Es sind aber längst nicht alle guten Podcasts bei iTunes zu finden. Was also tun, wenn man einen ganz geheimen, wunderbar skurrilen Podcast-Feed entdeckt hat? Irgendetwas mit der Endung */xml* oder */rss*? Ganz einfach: die Adresszeile im Browser markieren, kopieren (Strg+C), und ab zu iTunes. Dort unter *Erweitert* auf *Podcast abonnieren* gehen und den Feed einfügen (Strg+V).

Intro

Podcasts hören

Podcaster im
Porträt

Podcasts
produzieren

Goldene Regeln

Eigenwerbung

Geld verdienen

Outro

Podcasts manuell abonnieren

iTunes-Symbolik

Angenommen die ersten fünf Podcasts sind abonniert und iTunes lädt brav neue Folgen herunter. Doch dann erscheinen seltsame kleine Symbole am Rand der Tabelle. Was haben sie zu be-

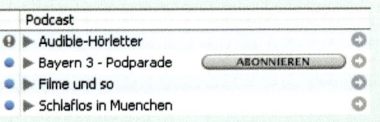

deuten? Ganz einfach: Ein blauer Punkt neben dem jeweiligen Podcast oder der Einzelfolge bedeutet, dass diese noch nicht gehört (und auch noch nicht angespielt) wurde. Falls ein kleines graues Ausrufezeichen erscheint, kann man auf dieses klicken um eine Fehlermeldung zu erhalten – entweder der Podcast war gerade nicht erreichbar oder iTunes will höflich darauf hinweisen, dass man schon länger keine Folgen mehr gehört hat – eine kleine Rüge am Rande für zu faule Hörer.

Ordnung im Chaos

Leider werden Podcasts in iTunes schnell unübersichtlich. Wer also regelmäßig mehrere Podcasts hört, sollte ein bisschen auf Ordnung achten. Das beginnt mit den Grundeinstellungen: Am Anfang steht hier die Entscheidung, wie man mit Podcasts umgehen möchte. Gehörte Folgen automatisch löschen? Eine Woche aufheben, zwei Monate, für immer? Soll nur die neueste Folge geladen werden oder alle Folgen, die man noch nicht hat? All das kann man in den iTunes-Einstellungen unter dem Reiter *Podcast* einstellen. Dorthin gelangt man, indem man in iTunes zunächst auf *Bearbeiten* klickt und anschließend ganz unten auf *Einstellungen*.

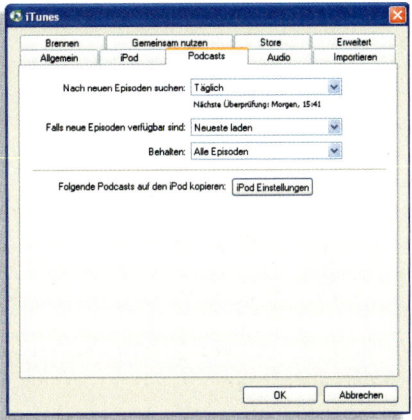

Podcasts organisieren

Intelligente Wiedergabelisten

Ganz automatisch alle ungehörten Podcast-Folgen am Stück hören? So geht's: Zunächst eine Intelligente Wiedergabeliste in iTunes einrichten (*Datei → Neue Intelligente Wiedergabeliste*), mit den Kriterien *Musikrichtung ist Podcast* und *Zähler ist 0*. Keine Angst, wenn die Liste jetzt

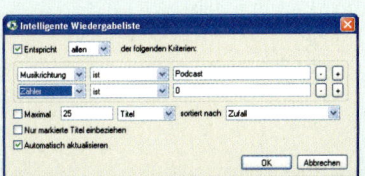

noch leer ist – iTunes trennt zwischen Podcasts und Musikdateien. Also noch schnell auf *Ordner hinzufügen* gehen und den Podcast-Ordner suchen und auswählen. So werden die Podcast-Dateien in die normale Musikbibliothek kopiert. Also Vorsicht – wer das nicht will, lieber Finger weg von den intelligenten Wiedergabelisten!

Intro

Podcasts hören

Podcaster im
Porträt

Podcasts
produzieren

Goldene Regeln

Eigenwerbung

Geld verdienen

Outro

Falls die Podcasts auf einen iPod synchronisiert werden sollen, gibt es auch hierfür einen Reiter. Wer also nur Adam Curry mit sich herumtragen will, die anderen Podcasts aber zuhause auf dem Computer hört, kann hier die passenden Häkchen setzen. Übrigens: Wer am PC hört, sollte sich merken, dass man durch die Leertaste zwischen Pause und Wiedergabe wechseln kann – falls mal zwischendrin das Telefon klingelt.

Ab ins Archiv!

Es gibt Sammler und Wegwerfer. Wer zu den Sammlern gehört, dem sei ein Archiv empfohlen! Einfach einen Ordner in iTunes erstellen mit dem Titel *Podcast-Archiv*, darunter dann einzelne intelligente Wiedergabelisten erstellen mit den Lieblingspodcasts. So landen beispielsweise alle „Schlaflos in München"-Folgen in einem Ordner. Alle paar Wochen kann man diese Ordner durchgehen und sehen, ob sie schon an die 700 MB angesammelt haben – wenn ja, werden sie einfach direkt in iTunes auf eine CD gebrannt und anschließend vom PC gelöscht. Achtung: iTunes kann sowohl Audio-CDs brennen als auch MP3! Es passen natürlich mehr MP3-Dateien drauf – also unbedingt auf die Einstellung achten unter *Einstellungen → Erweitert → Brennen*.

Andere Podcatcher

Lange bevor Apple auf den Podcast-Zug aufgesprungen ist, gab es zahlreiche andere Podcatcher. Podcatcher sind kleine Programme, die ebenso wie iTunes automatisch neue Folgen verschiedener Podcasts herunterladen. Für verschiedene Betriebssysteme gibt es verschiedene Podcatcher, auch die Bedienbarkeit und die Spezialfunktionen sind sehr unterschiedlich. Daher sollte man einfach mal ein paar Podcatcher durchprobieren, bis man das Programm gefunden hat, das am Besten funktioniert. Eine Liste der derzeitig aktiven Podcatcher findet man auf *http://podcastalley.com/software*.

Gängige und meist stabil funktionierende Podcatcher sind beispielsweise Doppler (*http://www.dopplerradio.net*), Nimiq (*http://www.nimiq.nl*), Juice (vormals iPodder, dann indiepodder, *http://juicereceiver.sourceforge.net*), Transistr (vormals iPodderX, *http://transistr.com*) oder PodNova (*http://www.podnova.com*). Bei PodNova haben sich Erik de Jonge und Robin Jans etwas Besonderes ausgedacht – auf ihrer Seite loggt man sich ein und hat dann seine Abo-Liste direkt auf der Website. So kann man also während der Arbeit, zuhause oder im Urlaub an die Podcasts ran, ohne den Überblick zu verlieren. Bei allen Podcatchern sollte man sich gut merken, wo die Dateien auf dem PC abgelegt werden – damit man sie löschen kann, falls der Speicherplatz knapp wird.

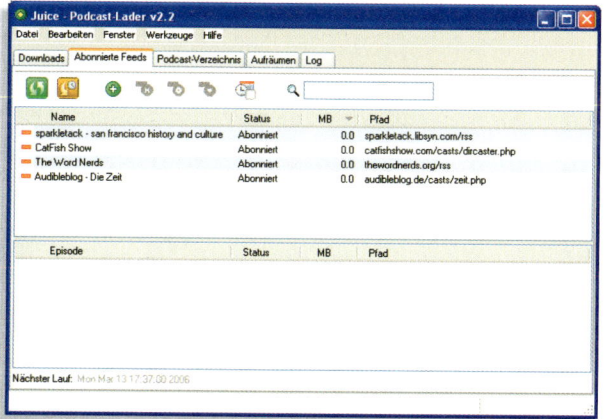

Der Podcatcher Juice

Odeo macht PodShow Konkurrenz

Magenta gibt den Ton an: Odeo (*http://www.odeo.com*) ist eine ebenso wie PodShow in San Francisco ansässige Firma, die nicht nur ein Podcast-Verzeichnis anbietet, sondern auch weitere Dienste rund ums Podcasting. Das Geschäftsmodell hat so wie das von PodShow Geldgeber angezogen – in diesem Fall ebenso mehrere Millionen vom Risikokapitalgeber Charles River Ventures. Hinter Odeo steckt neben anderen Mitarbeitern auch Evan Williams, einer der Mitbegründer von Blogger.com, der vor einigen Jahren seine Anteile an Google verkaufte und mit diesem Geld jetzt hinter Odeo steht. Als drittes Unternehmen freute sich im März 2006 dann PodTech (*http://www.podtech.net*) über Unterstützung durch 5,5 Millionen Dollar Risikokapital.

Intro

Podcasts hören

Podcaster im
Porträt

Podcasts
produzieren

Goldene Regeln

Eigenwerbung

Geld verdienen

Outro

Andere Verzeichnisse

Wem es nicht zu viel Aufwand ist, ein wenig herumzusurfen, der kann auch über die zahlreichen Podcast-Verzeichnisse direkt neue Episoden anhören. iTunes ist dabei eine gute Anlaufstelle. Dienste wie *podcastalley.com*, *podcastpickle.com* oder das deutsche *podster.de* bieten ebenfalls einen guten Überblick über die Szene und haben oft auch einen Player auf ihre Seiten integriert. Diese Player sind mit wenigen Knöpfen leicht zu bedienen.

Der wimpy player auf Podster.de

Phonecasting

Selbst wer keinen Computer hat, kann Podcasts hören. Dienste wie *www.phonecaster.de* machen es einfach, indem man über bestimmte deutsche Telefonnummern Podcasts am Telefon anhören kann. In Zukunft werden Smartphones wohl auch hier eine größere Rolle spielen. Die Beta-Version von AudibleAir zeigt, dass man ganz einfach aktuelle Inhalte direkt auf das Handy laden lassen kann – ideal für Podcasting. Sollte sich diese oder eine ähnliche Technologie durchsetzen, wird der Verbreitungsgrad von Podcasts in die Höhe schnellen – immerhin haben schon jetzt 60 Millionen Deutsche ein Mobiltelefon. In den USA hat Melodeo bereits erfolgreich einen Handy-Podcast-Dienst gestartet, und zwar das Mobilcast-Network (*http://www.mobilcast.com/*).

Phonecaster.de

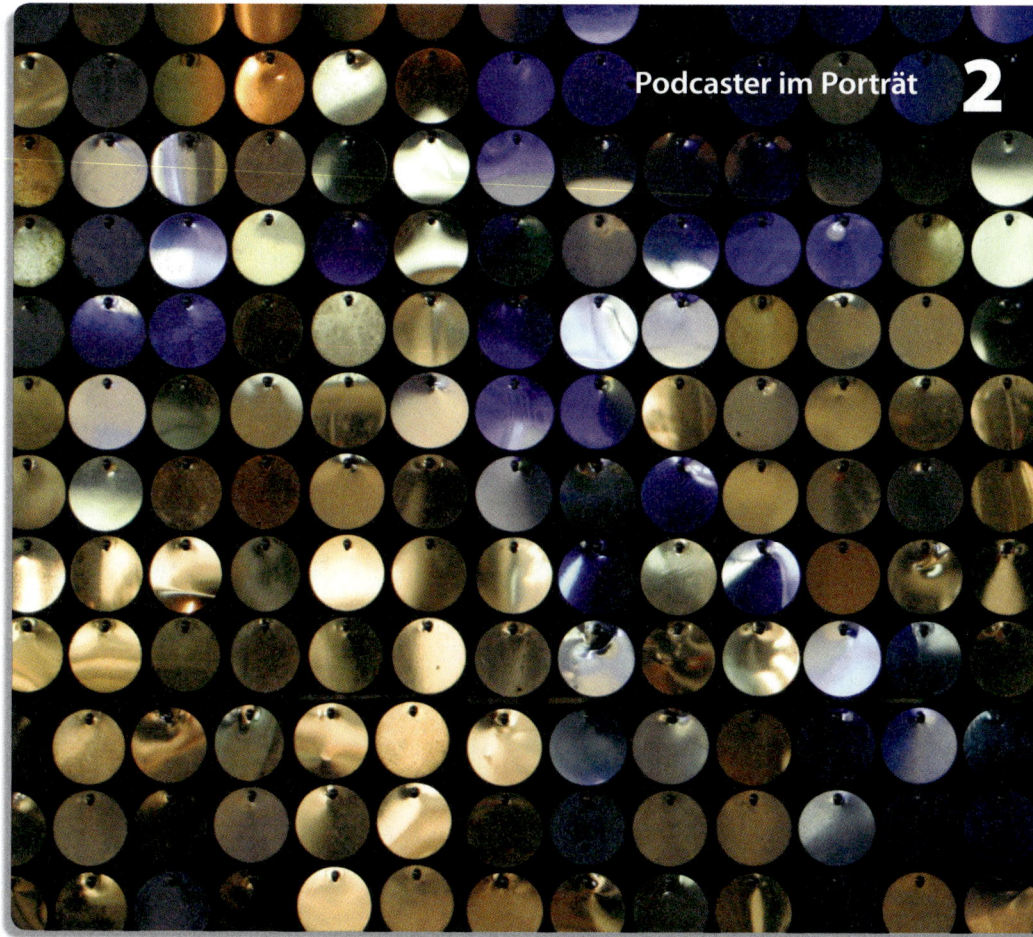

Intro

Podcasts hören

Podcaster im Porträt

Podcasts produzieren

Goldene Regeln

Eigenwerbung

Geld verdienen

Outro

Die Podcast-Pioniere

Glitzer und Glamour? Ein Mädel, das mit verträumtem Blick durch den Park spaziert und ihre Selbstgespräche aufnimmt, damit diese später zum Podcast werden können? Fehlanzeige. Klar gehen manche raus auf so genannte Soundseeing-Touren. Podcaster sind aber in erster Linie Menschen, die in ihrem stillen Kämmerlein vor einem Mikrofon und Monitor sitzen. Nicht mehr und nicht weniger. Warum sie das tun? Aus den verschiedensten Gründen, wie folgende Beispiele zeigen.

Adam Curry

http://dailysourcecode.com/

Am Anfang war – Adam Curry. Der hochgewachsene holländisch-amerikanische Podcast-Pionier mit der Struwwelfrisur gehört zu den wichtigsten Säulen des neuen Mediums. Unermüdlich rührt er die Werbetrommel fürs Podcasting, verhandelt mit Werbefirmen und Sponsoren ebenso wie mit anderen Podcastern und ist ständig auf Achse. Zwischen San Francisco und Guildford in England pendelt er hin und her, sein Mikro immer im Gepäck. So kann er jeden Tag dennoch seine 25 Minuten bis eineinhalb Stunden podcasten. Der Daily Source Code bleibt damit einer der wichtigsten Podcasts die es gibt, auch wenn er fast nie in Hitlisten auftaucht. Mittlerweile wird der DSC oder „Charly" genannte Podcast auch beim New Yorker Satellitenradio-Sender Sirius gesendet. Vier Stunden lang laufen hier jeden Abend verschiedene PodShow-Podcasts – auch ein Verdienst von Curry und Konsorten.

Tausende von Hörern lieben die Rubriken, die er mittlerweile eingeführt hat, von den Rasierapparat-Tipps im „Metrosexual Moment" bis zu News von seinem aufdringlichen Fan Roger Smalls. Mittlerweile weiß jeder Curry-Hörer, dass der Meister Senseo-Kaffee fast ebenso liebt wie seine Frau Patricia und Töchterchen Christina, dass er die Biodiesel-Technologie unterstützt und die Internetgemeinde für den Google-E-Maildienst Gmail missionieren möchte.

Adam Curry (© PodShow)

Gemeinsam mit seinem Freund Ron Bloom hat Adam Curry eine eigene Firma gegründet, die PodShow mit Sitz in San Francisco. Ihr Ziel: 100 Millionen Podcast-Hörer zu gewinnen. Fast die Hälfte wollen sie schon erreicht haben. Der Hintergedanke ist ein nahe liegender: Wer viele Hörer hat, bekommt auch große Werbeeinnahmen. Die PodShow ist ein Netzwerk aus verschiedensten Podcastern, unter denen die gemeinsamen Einnahmen aufgeteilt werden. Im August 2005 haben bei dieser Idee auch zum ersten Mal Risikokapitalgeber zugeschlagen, und zwar ausgerechnet jene, die ohnehin einen Riecher für Gewinner zu haben scheinen, immerhin förderten sie auch im Anfangsstadium

Intro

Podcasts hören

**Podcaster im
Porträt**

Podcasts
produzieren

Goldene Regeln

Eigenwerbung

Geld verdienen

Outro

Ron Bloom (© PodShow)

die Rekord-Suchmaschine Google: „Kleiner Perkins Caufield & Byers", „Sequoia Capital" und „Sherpalo Ventures" haben insgesamt 8,85 Millionen Dollar in das Unternehmen investiert. PodShow holt immer mehr Podcaster mit ins Boot, hat zudem im September 2005 das führende Podcast-Vezeichnis *www.podcastalley.com* von Chris McIntyre gekauft und spezialisiert sich nebenher auch in den Bereichen der rechtefreien Musik (*podsafe music*) und der Entwicklung spezieller Podcasting-Software (CastBlaster). Dienste wie „PodShow Plus" und „My PodShow" sollen folgen.

Thomas Wanhoff

www.sammelstelle.net, http://wissenschaft.wanhoff.de, http://www.sciencecast.net

Thomas Wanhoff ist eigentlich Online-Redakteur bei der Frankfurter Neuen Presse. Trotz des Vollzeitjobs gehört er zu den aktivsten Podcastern Deutschlands und ist noch dazu ein Podcaster der ersten Stunde. Zunächst startete er Mitte Oktober 2004 einen Testpodcast für die Zeitung, danach hat ihn offenbar ein regelrechtes Podcast-Fieber gepackt: Ende Oktober ging es ihm erstmal um die Musik aus deutschen Landen (*www.sammel-*

stelle.net), doch das war ihm noch nicht genug: Thomas startete im Januar 2005 „Wanhoffs Wunderbare Welt der Wissenschaft" (*http://wissenschaft.wanhoff.de*) und später mit Unterstützung seiner Frau „Wanhoffs Reisen" sowie das Englische *www.sciencecast.net*, ein Netzwerk für Wissenschaftler weltweit. Mit Frank Tentler (*http://www.podestrian.de*) hat er die Podcastschau gestartet, in der ausführlich zu Themen gruppierte Podcasts vorgestellt werden.

Falls er mal kein Mikro vor dem Mund hat, ist Thomas Wanhoff Vorsitzender des Verbands deutschsprachiger Podcaster (*http://www.podcastverband.de*) und er hat die deutsche Podcast-Wiki ins Leben gerufen (*http://wiki.podcast.de*).

Wanhoff würde gerne hauptberuflich podcasten – aber so weit ist es noch nicht. Auch wenn es langsam anfange mit Conference-Podcasts, Firmenpodcasts und ersten Werbejingles, sei die Entwicklung noch nicht so weit, dass man vom Podcasting in Deutschland leben könne. Dennoch lässt sich der Hesse nicht entmutigen: „Es wird nicht jeder reich damit werden, aber einige können sich bestimmt ein Zubrot verdienen." Und vor allem: „Podcasting macht Spaß und ich kann das machen, was ich gerne auch beruflich mache: Menschen Dinge erklären, Neues entdecken, mich mit etwas beschäftigen und weitergeben. Und man kann der alten Tante Radio mal ein wenig auf die Beine helfen.", sagt Wanhoff schmunzelnd. So lange er noch Hörer habe, mache er weiter. Anfängern rät er, sich ein Thema auszusuchen, am besten eines, in dem sie sich ohnehin auskennen. „Und sie müssen regelmäßig senden. Wichtig ist, dass sie etwas erzählen können. Auch wenn jeder podcasten kann: ein wenig den Hörern gefallen, muss man schon."

© Thomas Wanhoff

Intro

Podcasts hören

Podcaster im Porträt

Podcasts produzieren

Goldene Regeln

Eigenwerbung

Geld verdienen

Outro

Podcast-Friedhof

Leider gibt es auch ein unschönes Wort im Zusammenhang mit Podcasting: Podfader. Das sind jene Podcasts, die leider nicht mehr aktualisiert werden. Dazu gehört leider auch das Projekt *www.sushiradio.de*, in dem Wanhoff zusammen mit Gerrit van Aaken und Nicole Simon kleine Hörhäppchen präsentierte. Im März 2006 waren bei *www.podster.de* fast 1.500 Podcasts eingetragen, mit insgesamt 66.223 Episoden in der Datenbank. Allerdings waren nur 54 Prozent dieser Podcasts noch aktiv, also mit Updates in den letzten vier Wochen.

Nicole Simon

http://useful-sounds.de

Seit dem 6. November 2004 ist die Lübeckerin Nicole Simon Podcasterin. „Beim Hören des ersten Podcasts hat es Klick gemacht und mich die Möglichkeiten des Mediums elektrisiert", erinnert sie sich zurück. Sobald ein ausreichend großer Server angeschafft war, ging es los. Die extrem aktive Bloggerin (*www.beissholz.de*) mit der angenehmen Stimme stürzte sich auf das neue Hobby. Als erste deutsche Podcasterin ist sie aus der Szene auch international nicht weg-

© Nicole Simon

zudenken, denn Nicole sendet gerne in Englisch. „Englisch war die natürliche Wahl – zum einen waren fast alle Zuhörer zu diesem Zeitpunkt englischsprachig, zum anderen sah ich endlich einen Weg, Englisch zu sprechen." Der Videobereich interessiert Nicole wenig – aber einen deutschen Podcast von ihr wird es sehr wahrscheinlich bald zu hören geben.

Kleinode der Szene

Manchmal gleicht die Podcast-Szene eher einem Gemischtwarenladen als einem Schatz-kästchen. Dennoch oder sogar gerade deshalb lohnt es sich, nach der berühmten Nadel im Heuhaufen zu suchen, denn es gibt immer mehr Goldstücke, denen es zu lauschen lohnt. Podcaster fangen mit diesem Hobby aus den verschiedensten Gründen an – hier einige meiner Lieblinge.

Kilians Podkost

http://podkost.com/

© Kilian Muster

Seine alemannische Heimat hat Kilian Muster schon vor vielen Jahren hinter sich gelassen. Mittlerweile lebt er glücklich mit seiner Frau und dem kleinen Sohn in Tokyo, einer für die meisten Europäer sehr fremden Welt. „Köstli-ches und kötzliches aus Japan" möchte er seinen Hörern erzählen. Er berichtet aus seinem Alltag, gibt nützliche Tipps für Urlauber und Auswanderer und vor allem sorgt er für die nötige Völkerverständigung. Höflichkeit gegen-über anderen Kulturen steht bei ihm an erster Stelle, und die Verhaltensregeln versucht er mit Engelsgeduld zu vermitteln. „In Deutschland herrscht immer noch ein dermaßen falsches und verschrobe-nes Bild von Japan, dass ich einfach nicht mehr zusehen konnte", erklärt er.

Für Kilian ist Podcasting die Erfüllung eines Kindheitstraumes, denn schon als kleiner Kerl hat er gerne zum Spaß selber Radiosendungen aufgenommen. Bei seinem Podcast hält er sich ans Pendelverhalten seiner Hörer – rund 15 bis 35 Minuten lang sind seine Episoden, so dass man sie gemütlich auf dem Weg zur Arbeit hören kann.

Zu Kilians Podkost gehört natürlich auch ein extrem professionell gestalteter Internetauf-tritt – kein Wunder, schließlich ist Kilian Grafikdesigner. Humorvoll und unbeirrbar zieht er seine Sache durch – und macht die Podkost dadurch zu einem leckeren Sushihäpp-chen in der deutschsprachigen Podcast-Szene.

Intro

Podcasts hören

Podcaster im Porträt

Podcasts produzieren

Goldene Regeln

Eigenwerbung

Geld verdienen

Outro

Berlin von unten

http://www.bestattungen-marschner.de

© Claudia Marschner

Claudia Marschner ist Bestatterin in Berlin, doch die Farbe schwarz trägt im Unternehmen nur ihr Hund. Daher nennt sich Claudia eine „bunte Bestatterin", die mit kreativen und fantasievollen Ideen dafür sorgt, dass die Menschen individuell von ihren Toten Abschied nehmen können. Über ihren ungewöhnlichen Beruf und ihren Alltag zwischen Särgen, Fitness-Studio und Rummelplatz spricht sie in ihrem Podcast mit tiefer, angenehmer Stimme, meist zu später Nachtstunde aufgenommen. Claudia betrachtet das Leben mal ganz anders und ist so ein Garant für den Perspektivenwechsel. Technisch hilft ihr Horst Lange, der zwar eigentlich als Koch in Berlin lebt, aber auch leidenschaftlicher Mac-Freund ist. Er hat Claudia die Welt der Podcasts eröffnet – zum Glück. „Podcasts sind ein revolutionäres Medium um aktive Gesellschaftspolitik zu betreiben", sagt Claudia. Die unzensierte und ehrliche Art des Podcasting sieht sie als „riesige Chance, die Welt mitgestalten zu können." Hin und wieder kann man Claudia übrigens auch ganz fröhlich beim Kochen in der Podcast-Welt hören!

Chicks on Tour

http://chicks-on-tour.podspot.de/, http://www.chickseria.de/

Frech, bayerisch, musikalisch. Das sind die Chicks on Tour. Mit extravaganten Lockenperücken posieren sie auf ihrer Internetseite, und hinter den lasziv geschürzten Kussmündern verbergen sich zwei absolute Profis: Rickie Kinnen und Tina Frank sind zwei Vollblut-Sängerinnen, die viel Zeit im grünen Tourbus verbringen, wenn sie mit ihrer Coverband *Abba99* von Hamburg bis Salzburg für Stimmung sorgen. Klar, dass man da in einem Podcast wunderbar über schlechtes Essen auf Tour meckern kann oder den Zuhörer mal teilhaben lässt an den Aufnahmen für skurrile Kinderlieder. „Mit unserem Podcast wollen wir mit den typischen Musikerklischees Sex, Drugs and Rock'n'Roll aufräumen

– im echten Leben ist das alles ganz anders", sagt Tina mit einem Augenzwinkern. Was man als Musiker unterwegs erlebe sei oft skurril, lustig oder einfach nur zum Schreien, fügt Rickie hinzu – und es sei immer eine Geschichte wert.

Produziert wird bei den Studio-Queens ganz normal mit der Garageband-Software auf ihrem Apple ibook. Dazu kommt ein günstiges Mikro (t.bone SCT-800), ein Firewire-Audio-Interface (FA-66 von Edirol) und ein Behringer Mischpult. So entsteht übrigens auch der zweite Podcast der Chicks, der Schicki-Micki-Podcast „Chickseria", in dem die beiden Mädels über das große Wer-mit-wem in der Glamour-Welt philosophieren, immer irgendwo zwischen George Clooney und dem Rest der Welt (*http://www.chickseria.de/*).

© Rickie Kinnen und Tina Frank

Moderiert wird bei den Chicks übrigens nackt – so behaupten sie zumindest. „Ist doch auch klar – Sex sells!", erklärt Rickie lachend.

Entirely Entertaining

http://www.entirelyentertaining.com/

Gregor Wossilus ist seit vielen Jahren Kulturredakteur und Filmkritiker in Berlin. Er hat lange nach einer Möglichkeit gesucht, „die beste seriöse, ebenso informative wie unterhaltende und die Fantasie anregende Filmsendung" zu machen. Podcasting entdeckte er im September 2005, und diese Technik war für ihn genau das Richtige. Seine wöchentliche Filmsendung „Entirely Entertaining" sieht er als „work in progress", es ist also ein Format, das sich ständig ändert und weiterentwickelt. Um Zuhörer weltweit zu erreichen, berichtet Gregor in seinem Podcast in Deutsch und Englisch von den neuesten Filmen auf der Leinwand. Zu besonderen Anlässen gibt es Sondersendungen. Zur Berlinale beispielsweise hat er das Mikrofon auf den Roten Teppich mitgenommen und sogar einen täglichen Podcast ins Netz gestellt.

Intro

Podcasts hören

Podcaster im Porträt

Podcasts produzieren

Goldene Regeln

Eigenwerbung

Geld verdienen

Outro

„Ich bin ein kommunikativer Mensch, mein Beruf ist in erster Linie Kommunikation. Und Podcasting ist ein spannendes Medium, da es keinen programmschematischen Gesetzen gehorchen muss und dem Produzenten inhaltlich keine und in Ausdruck und Form nur wenige kreativen Grenzen gesetzt sind.", so Gregor Wossilus. Hier hat also all das Platz, was er nicht im herkömmlichen Äther platzieren konnte.

Es gab aber auch einige Hürden zu überwinden: Als „Entirely Entertaining" geboren wurde, merkte Gregor, dass zu einem solchen Podcast auch ein bisschen Musik dazugehören muss. Die Nutzung von rechtlich geschützter Musik war aber nicht erlaubt – also nahm er kurzerhand die Herausforderung an und komponierte seine eigene Filmmusik

© Gregor Wossilus

für den Podcast, die er auch selbst einspielte: „Dadurch erhöht sich natürlich der Arbeitsaufwand, aber das kreative Gesamtergebnis ist umso reicher. Und das ist sehr reizvoll."

Ein zeitaufwändiges Hobby hat er sich da ausgesucht – doch schon beim Wort Hobby schüttelt Gregor den Kopf. „Entirely Entertaining ist kein Hobby. Entirely Entertaining ist eine seriöse Aufgabe, ein anspruchsvolles Projekt. Und man findet immer für das Zeit, für das man sich interessiert und begeistert." Bisher ist er nur ein Mal in seinem Terminplan gestört worden, als ihn am Ende der Filmfestspiele Berlin eine Erkältung lahm legte.

„Entirely Entertaining" ist ein kurzweiliges, extrem professionell produziertes und in der Podcast-Welt durchaus Oscar-reifes Filmmagazin.

The Word Nerds

http://www.thewordnerds.org

Sie sind professionelle Wortklauber: Dave Shepherd und sein Bruder Howard sowie deren Kollege Howard Chang sind Lehrer in den USA. Deutsch, Latein und Englisch stehen bei den Dreien auf dem Lehrplan. In ihrer Freizeit treffen sie sich bei Dave im Keller und produzieren ihren Podcast. Die Etymologie hat es ihnen angetan, sie gehen der Bedeutung englischer Wörter auf den Grund. Und auch wenn dies trocken klingen mag, so ist es stets interessant und oft amüsant, was die drei Lehrer da fabrizieren – so haben sie beispielsweise die Kategorie „rude word of the week" eingeführt, in der auch die Bedeutung von Schimpfwörtern aufgespürt wird.

Die drei Männer haben eine Leidenschaft für Wörter und das Radio gemeinsam. Dave Shepherd war als Zwölfjähriger Funkamateur. „Ich fand es immer toll, mit irgendeinem Menschen in einem anderen Bundesstaat oder sogar in einem anderen Land reden zu können", erinnert er sich heute gerne zurück. „Für mich schafft Podcasting eine ähnliche Verbindung wie diese Gespräche damals übers Funkgerät. Mit meinem Podcast kann ich DJ oder Moderator spielen und mehrere tausend Menschen überall auf der Welt hören mir zu. Und das Schönste daran ist, dass sich so viele Leute be-

Howard Chang, Howard Shepherd und Dave Shepherd (v.l.n.r.; © Barbara Shepherd)

teiligen, per E-Mail, MP3-Feedback, Telefon oder durch Kommentare auf der Internetseite." Die enge Verbindung von Podcastern auf der ganzen Welt hat auch dazu geführt, dass wir uns in München eines Nachmittags treffen konnten – ohne je telefoniert zu haben. „Die Welt wird immer kleiner, und Podcasting trägt dazu bei", so kommentiert Dave dieses Treffen.

Das trifft auch für die drei Lehrer zu, denn einer von ihnen, Howard Shepherd, lebt in einem anderen Bundesstaat. Er wird über die Internettelefonie zugeschaltet und hat vor, sich auch ein Video-Netzwerk zuzulegen, damit er auf Zeichen seiner Gesprächspartner reagieren kann.

Dennoch haben alle drei Familien und anstrengende Jobs – die Zeit fürs Podcasting muss also freigeschaufelt werden. Mittlerweile haben die Drei eine gute Möglichkeit gefunden: Sie recherchieren im Vorfeld die einzelnen Themen und treffen sich dann an einem Wochenende, um gleich mehrere Folgen hintereinander aufzuzeichnen. Da das Hobby aber so viel Zeit und Energie kostet, suchen die Word Nerds derzeit nach einem Sponsor um weiterzumachen. Wenn sie keinen finden, wird dieses schöne Programm wahrscheinlich nicht mehr lange existieren.

Intro

Podcasts hören

Podcaster im Porträt

Podcasts produzieren

Goldene Regeln

Eigenwerbung

Geld verdienen

Outro

Übrigens hat das Podcast-Virus auch den guten Dave erwischt – er macht nebenher noch zwei andere Podcasts. Zum einen produziert er für seine Kirche einen wöchentlichen Podcast mit den Predigten der drei Gemeindepfarrer (*lruccpodcast.blogspot.com*), zum anderen hat er ein Schülerprojekt ins Leben gerufen, in dem die Teenager etwas Besonderes aus ihrem Leben vorstellen sollen – auf Deutsch (*http://deutsch4.blogspot.com*).

Sparkletack

Eigentlich ist Richard Miller Grafikdesigner in San Francisco. Mittlerweile könnte er aber bestimmt ohne Probleme auch als Touristenführer in seiner geliebten Heimatstadt arbeiten, denn Richard berichtet wöchentlich leidenschaftlich und gewissenhaft aus San Francisco. Er buddelt in der Geschichte der Stadt und bringt Anekdoten über historische Persönlichkeiten zutage, von Jeans-Pionier Levi Strauss bis Autor Mark Twain. Durch Sparkletack weiß der gewissenhafte Hörer nun, dass es einst einen Kaiser von Amerika gab – und dass die berühmte Golden Gate Brücke auch eine dunkle Seite besitzt.

„Ich war schon immer ein Geschichts-Fan", sagt Richard. Durch seinen Podcast lernt er immer Neues hinzu, wie er selbst sagt, und er hat das Gefühl, Teil der Geschichte der Stadt zu werden. „Podcasting macht mir immer sowohl viel Spaß als auch ein bisschen Stress",

© Richard Miller

sagt er. Die Recherche ist bei einem Geschichtspodcast wie seinem sehr ausgedehnt, und Richard spricht seine Podcasts nicht frei, sondern liest sie ab – diese Texte müssen auch erst geschrieben werden. „Um auf die Dauer weitermachen zu können, muss ich irgendeine Lösung finden, damit ich für das Podcasting nicht nur geistig, sondern auch finanziell belohnt werde."

Richard hat übrigens eine enge Verbindung zu Deutschland. Er war nicht nur schon oft hier, er belegt auch abendliche Sprachkurse am Goethe Institut in San Francisco. Richard ist auch derjenige, der das wunderbare Logo für „Schlaflos in München" entworfen hat – als einer meiner ersten Hörer.

Erfolgsgeschichten

Amerika macht es mal wieder vor – dort geht das Sponsoring von Podcasts längst über Taschengeldbeträge hinaus. Die beiden Mütter Paige Heniger und Gretchen Vogelzang haben zusammengerechnet sieben Kinder und geben anderen Eltern seit März 2005 in ihrem wöchentlichen Podcast Erziehungstipps. Mittlerweile können sie von ihrem Hobby leben – ihr „MommyCast" wird für ein Jahr mit über 100.000 Dollar von einer Firma gesponsort, die Wegwerfgeschirr für Kinder herstellt, und wurde gleich zu Beginn in das Netzwerk der PodShow aufgenommen.

Dort sind die beiden Mütter in illustrer Runde. Zu den ersten erfolgreichen Podcastern gehören auch Dawn und Drew – ein ehemaliges Punkerpärchen das heute verheiratet auf einer einsam gelegenen Farm im amerikanischen Niemandsland lebt. Freizügig plappert vor allem die pinkhaarige Dawn Miceli über Sex und Fantasien, und weist ihren Liebsten auch gern zurecht, wenn er während der Show Mundgeruch hat. Drew Domkus kann mittlerweile nichts mehr schocken, immerhin hat er am ers-

Dawn and Drew (© PodShow)

ten Geburtstag ihrer Show stolz seinen Job als Webdesigner gekündigt, um sich voll und ganz dem Podcasting zu widmen und kündigte scherzend ihr Ziel an: Die Weltherrschaft.

Ab in die Umlaufbahn mit Rocketboom

Mit über 150.000 Downloads pro täglicher Folge hat es auch der Video-Blog Rocketboom ganz nach oben geschafft. Schauspielerin Amanda Congdon präsentiert in zwei bis fünf Minuten eine skurrile Nachrichtensendung aus New York. Hier geht es nicht um Erdbeben, politische Debatten oder Terroranschläge, sondern vielmehr um die Kuriositäten des Alltags – und des Internets.

Intro

Podcasts hören

Podcaster im Porträt

Podcasts produzieren

Goldene Regeln

Eigenwerbung

Geld verdienen

Outro

Dabei scheut Rocketboom nicht vor politischen Statements zurück und gibt sich auch sonst alles andere als stromlinienförmig. Auf der Straße wird so gerne mal Passanten das Mikro unter die Nase gehalten mit Fragen zu George W. Bush oder Appellen, doch endlich den Firefox als Browser zu verwenden und den Internet Explorer von Microsoft vom Computer zu löschen. Konzerne scheint die Meinungslust der Macher nicht abzuschrecken – in einer bislang einzigartigen eBay-Auktion wurde

© Amanda Congdon

zum ersten Mal ein Werbeplatz im Rocketboom-Feed versteigert – für 40.000 Dollar kann der Gewinner eine Woche lang in jeder Folge werben.

Rocketboom ist übrigens keine One-Woman-Show – hinter der Kamera sitzt Regisseur und Produzent Andrew Baron, und seit Dezember 2005 ist Kevin Chapados mit an Bord, der den Schnitt übernimmt. Vom normalen Fernsehen unterscheidet sich die kleine Sendung schon allein aufgrund der geringen Produktionskosten. „Rocketboom entsteht mit einer normalen Videokamera, einem Laptop, zwei Scheinwerfern und einer Landkarte", so steht es auf der Internetseite. PR gibt es nicht bei Rocketboom – der Erfolg ist allein der funktionierenden Mundpropaganda im Internet zu verdanken.

Video kills the podcast star?

Wer Rocketboom mag, der sollte unbedingt auch den Rocketboom-Korrespondenten Steve Garfield im Internet besuchen (*http://www.stevegarfield.com*). Regelmäßig stellt der Neuengländer neben seinem Ehepaar-Videopodcast „The Carol and Steve Show" auch andere Videocasts vor in der „Vlog Soup". Ein Geheimtipp in Sachen Video sind auf jeden Fall auch die künstlerisch gestalteten facettenreichen Kurzvideos von Dave Huth (*http://davemedia.blogspot.com*).

Kommerzielle Podcasts

Streng genommen ist ein Podcast eine abonnierbare MP3-Datei, deren Inhalt eigens für den Podcast erdacht und aufgenommen wurde. Dennoch fallen auch so genannte *Radio-on-Demand-Serien* ins Podcast-Fach. Hier nutzen die großen Radiosender die Gelegenheit, ihre Inhalte weiter zu verbreiten, ohne Sendeplan und zeitliche Festlegung und ohne geographische Grenzen. Die britische BBC ist früh auf den Zug aufgesprungen und sendet alles von Sport- bis Wirtschaftsmagazinen, Infos für Gälisch-Lernende bis zu den bissigen Filmkritiken von Marc Kermode. Erstklassige journalistische Beiträge sendet auch das amerikanische National Public Radio (NPR), das sich seinen Podcast-Dienst mit über 30 verschiedenen Feeds von namhaften Sponsoren wie Honda finanzieren lässt.

Auch die öffentlich-rechtlichen Rundfunkstationen in Deutschland haben die Zeichen der Zeit erkannt, vom WDR mit seinem satirischen Wochenrückblick bis zur Münte-Comedy vom NDR oder den Talks in „SWR1 Leute". „Es führt kein Weg an mobilen Angeboten vorbei", sagt Guido Baumhauer, Chefredakteur der DW-World.de der Deutschen Welle. Anfang September 2005 fing der MDR an, ein breit gefächertes Podcast-Angebot online zu stellen – am beliebtesten sind hier politische Sondersendungen, MDR Figaro, Hörspiele und die Presseschau. Ende Oktober wurden zusätzlich Videocasts online gestellt.

Der Bayerische Rundfunk war schon ganz zu Beginn mit dabei, stellte für die Kinder das tägliche Betthupferl online, für die Kirchgänger die katholische und evangelische Morgenfeier und für die Kabarettfreunde die aktuelle Kolumne von Bruno Jonas. So wird hier das Radioprogramm im Internet wiederverwertet.

In Österreich setzt der öffentlich-rechtliche Rundfunk ebenfalls auf das Pferd Podcasting. Ö3-Chef Georg Spatt bezeichnete das neue Medium sogar als „die Schmiede für Radiotalente", egal ob es da um Journalisten, Moderatoren, Comedy-Autoren oder Musikredakteure ging. „Ich will nicht zu sehr in den Bereich der Prophezeiungen gehen, aber ja, ich hab da große Hoffnungen." Spatt scheint Realist – natürlich stelle das Podcasting eine Gefahr für klassische Sender dar, sagt er. „Deswegen ist es für uns besser, als Innovationsmarktführer von Anfang an mitzumischen."

Intro

Podcasts hören

Podcaster im Porträt

Podcasts produzieren

Goldene Regeln

Eigenwerbung

Geld verdienen

Outro

30

Ist der iSchmidt ein Podcast?

Harald Schmidt, Vorzeige-Intellektueller der ARD, bekennt sich, ein Podcaster zu sein. Bei iTunes stellt er eine wöchentliche Kolumne online, jeweils knapp zehn Minuten lang, für 99 Cents pro Folge. Da es aber keinen RSS-Feed dazu gibt, also keine Möglichkeit, das Programm zu abonnieren und automatisch zu bekommen, ist der iSchmidt im eigentlichen Sinne kein Podcast. Schmidt ist das egal, er tönt fröhlich und überzeugt im Interview mit der ZEIT: „Wo ich jetzt richtig heiß drauf bin, ist die Sache mit Apple und iTunes, wo ich jede Woche einen Podcast mache. Seit ich mich damit beschäftige, bin ich vollkommen angefixt. Das ist momentan mein Lieblingsjob. Ich sitze in der kleinen Sprecherkabine, spreche in ein Mikrofon und weltweit kann sich das jemand runterladen. Das könnte ich theoretisch alle zehn Minuten machen! Das ist natürlich das Ende des Rundfunks."

Disney, BMW, Siemens – auch große Konzerne wittern im Podcasting eine kleine, aber feine Nische, um ihre Produkte zu platzieren. Immerhin kann man hier ganz gezielt eine bestimmte Klientel erreichen und zwar männliche, gutverdienende Erwachsene. So ist es nicht verwunderlich, dass der Sportdrink-Hersteller Gatorade einen Teil seiner Werbegelder in einen Podcast für Ausdauersportler investierte. 4.000 Dollar gab es für zwölf 30-Sekunden-Spots im Monat und das bei 8.500 Hörern pro Folge. Mittlerweile hat die Sportschuhfirma Fleet Feet Sports diesen Slot übernommen. Tim Bourquin, Produzent dieses erfolgreichen „Endurance Radio"-Podcasts, hat es offenbar geschafft. Dennoch stößt er immer wieder an seine Grenzen: Das größte Problem sei, dass die meisten potenziellen Sponsoren nicht einmal wüssten, was ein Podcast ist.

Wer sich allerdings schlau gemacht hat, für den steht die gesamte Podcast-Welt offen. Die Preise für Werbung sind moderat im Vergleich zu Massenkommunikationsmitteln wie der Zeitung, dem Radio oder dem Fernsehen. Und anstatt breit zu streuen, kann man gezielt eine bestimmte Klientel ansprechen. Werbung für Aknemittel gibt es daher passenderweise im Podcast von Teenager-Girl Martina Butler (Tochter von PodShow-Musikguru Michael Butler) in ihrem „EMO Girl Talk Podcast". Der amerikanische Bezahl-Fernsehsender

HBO lässt in verschiedenen Podcasts kräftig Werbung machen für eine neu angelaufene Serie und schafft so schon allein durch die Werbung Kultcharakter. Auch Volvo und Toyota Lexus waren gleich zu Beginn im Boot, ebenso Software-Hersteller Ipswitch.

In Deutschland traute sich Medienriese Axel Springer Ende August 2005 an das neue Medium heran – mit einem Podcast-Blog der AutoBild (*http://www.autopodcast.de*), online jeden Freitag. Die Abrufzahlen werden nicht öffentlich gemacht, angedeutet wurde aber, dass sie in den fünfstelligen Bereichen seien und damit die Erwartungen übertroffen hätten.

Auch das Internet-Auktionshaus eBay wollte mit dabei sein und startete zunächst einen wöchentlichen Podcast, die eBay-Wochenshow, produziert von der Audioetage. Das lief offenbar so gut, dass es seither täglich neues auf die Ohren gibt: Montags die Rubrik „Ich und eBay", in der Mitglieder eBay-Geschichten erzählen, dienstags wird kniffeligen Fragen wie dem Passwortschutz nachgegangen in „Recht und sicher", mittwochs kommen eBay-Manager und Spezialisten zu Wort in „eBay-Intern", donnerstags gibt es das „eBay-Stichwort" und freitags das Neueste in „eBay aktuell". Am Samstag dann schließlich wie gehabt die Wochenshow. Alle Infos zu den eBay-Podcasts unter *http://podcast.ebay.de/*.

Die Möglichkeiten für Konzerne sind unterschiedlich. BMW ließ von der Internationalen Automobilausstellung berichten und führt stolz das „Connected Drive"-System vor, bei dem sich der eingebaute MP3-Player ganz ohne Computeranschluss in der Garage selbst befüllt.

Konkurrent Mercedes-Benz lehnte Werbung in anderen Podcasts bislang ab, weil es an Mediadaten fehle. Außerdem wisse niemand, wie Hörer auf Werbung in diesem neuen Medium reagieren würden. Das ist jetzt anders, denn die Podcast-Umfrage hat ergeben, dass rund die Hälfte der Podcast-Hörer mit Werbung einverstanden wäre. Nur 30 Prozent sind dagegen, der Rest bleibt unentschlossen. Dem Podcasting hat sich der Automobil-Riese aber dennoch nicht ganz verschlossen, denn immerhin haben sie sich mit dem Musikpodcast um die so genannten *Mixed Tapes* lange in den iTunes Top Ten gehalten.

Disney schickte in den USA sogar einen Podcast-Berichterstatter zu den Feierlichkeiten zum 50. Maus-Jubiläum, Warner Bros. wirbt mit Podcasts für die neue Harry Potter DVD oder den grottenschlechten Paris-Hilton-Gruselfilm. Podcasts können aber auch das interne Fernsehen ersetzen und die Mitarbeiter jeden Morgen auf dem Weg zur Arbeit mit den neuesten Unternehmensnachrichten versorgen.

Intro

Podcasts hören

Podcaster im Porträt

Podcasts produzieren

Goldene Regeln

Eigenwerbung

Geld verdienen

Outro

Wer hört eigentlich Podcasts?

Schon im ersten Podcast-Jahr hat der Münchner Podcaster Alex Wunschel (*http://www.markendreiklang.de*) unter 2.344 Hörern eine Podcast-Umfrage gestartet. Was den Marketing- und Kommunikationsberater interessierte, waren die soziodemographischen Merkmale und das Nutzungsverhalten von Podcast-Hörern deutschsprachiger Podcasts. In 28 bekannten Podcasts ließ er einen kleinen Spot senden, der auf die Umfrage aufmerksam machte. Die Ergebnisse waren eindeutig: Der Podcast-Hörer im November 2005 war zu 89 Prozent männlich, zu 49 Prozent Single, kam zu 82 Prozent aus Deutschland und hatte zu 56 Prozent einen Hochschulabschluss. 64 Prozent der Befragten waren berufstätig, 33 Prozent noch in der Ausbildung. Im Durchschnitt haben diese Menschen acht Podcasts abonniert und hören immerhin 3,61 Stunden pro Woche Podcasts. Wichtig ist hier auch das von Alex Wunschel gern so genannte Commutainment, also die Zeit, die man während des Wegs von und zur Arbeit überbrücken muss. Die Hälfte der Befragten hört die Podcasts auf dem Arbeitsweg, 24 Prozent im Auto. Weitere Umfragen werden folgen – auf *www.podcastumfrage.de*.

Intro

Podcasts hören

Podcaster im
Porträt

**Podcasts
produzieren**

Goldene Regeln

Eigenwerbung

Geld verdienen

Outro

Die günstigste Grundausstattung

Für den Anfang gilt: So wenig Geld wie möglich ausgeben. Denn bevor man ins Podcasting investiert, sollte man es erst einmal ausprobieren um zu sehen, ob es Spaß macht und ob es wirklich ein Hobby ist, das man länger verfolgen möchte. Eine Bestandsaufnahme bringt meistens viel Nützliches ans Licht: Viele Laptops haben ein eingebautes Mikrofon, das meistens erstaunlich gute Ergebnisse liefert. Andere Computer haben oft eine zusätzliche Multimedia-Ausstattung mit Mikrofon, beispielsweise für die Spracherkennung oder das Vokabeltraining, die ebenfalls verwendet werden kann. Wenn trotz aller Sucherei in alten Computerkisten und trotz Bettelei im Freundeskreis weit und breit kein Mikrofon zu finden ist, sollte man sich erst einmal ein günstiges Mikrofon kaufen, das per Miniklinke an den PC angeschlossen werden kann. Schon für 30 Euro bekommt man ein brauchbares Mikro mit Kabel. Wer kein Fachgeschäft in der Nähe hat, der kann sich auf das Internet verlassen, beispielsweise auf die Firma Thomann (http://www.thomann.de).

Allzu viele Regeln im Kopf sorgen für Chaos beim Sprechen, daher hier nur die wichtigsten, denn der Rest kommt nach und nach von ganz allein: Einen Poppschutz gibt es für wenige Euro, er sorgt dafür, dass harte Konsonanten wie das „P" kein unangenehmes Geräusch verursachen, das beim Hören stört. Mikrofone sind zudem meist so gebaut, dass es einen großen Unterschied macht, wie man hineinspricht. Ein leichtes Drehen des Kopfes ist sofort als leiser werdende Stimme zu hören – daher gilt als Faustregel für die meisten Mikros: Frontalangriff! Immer direkt ins Mikro sprechen, und dabei ausreichend Abstand halten, so dass mindestens eine Handbreit zwischen Mund und Mikro passt. Ein Muss sind bei der Aufnahme Kopfhörer: So hört man das Signal, das letzten Endes aufgezeichnet wird und kann sich selbst kontrollieren. Übersteuern, nervende Nebengeräusche und Ähnliches bemerkt man auf diese Art sehr schnell und ärgert sich nicht darüber, wenn alles schon im Kasten ist.

Da Podcaster meistens zu Hause aufzeichnen statt in einer stillen Studioatmosphäre, wird oft ein Rauschen oder Brummen zu hören sein. Vorsichtsmaßnahmen hierfür sind: Niemals Audiokabel und Stromkabel übereinander legen – sonst sind Störgeräusche vorprogrammiert. Dazwischenfunken können auch Wireless LAN oder tragbare Telefone. Alle verwendeten Kabel sollten möglichst kurz sein und von guter Qualität – es gibt beispielsweise abgeschirmte Kabel, die die Soundqualität auch für Laien merklich verbessern.

Störfaktor Nummer eins ist das Lüftergeräusch des Computers! Viele Podcaster nehmen daher auf einen MiniDisc-Rekorder auf oder direkt mit einem MP3-Player (dazu später mehr). Manche stellen auch Monitor und Tastatur per Verlängerungskabel in einen anderen Raum und steuern ihren PC somit bei der Aufzeichnung fern. Da es in jedem Wohnraum gewisse Störgeräusche gibt, kann man diese auch gezielt nach der Aufzeichnung mit Audio-Software wie Audacity durch die Rauschentfernung minimieren.

Beim Podcasten gilt: Geräusche gehören dazu, es soll gar nicht steril klingen wie im Radio. Aber es soll auch nicht so eine laute Störkulisse geben, dass man sich nicht auf das gesprochene Wort konzentrieren kann.

Was tun, wenn's hallt?

Ganz einfach: Zunächst mal nicht aus dem Bad podcasten, sondern aus dem Schlafzimmer. Oder zumindest den Raum in der Wohnung aussuchen, in dem möglichst viel Stoff vorhanden ist. Wenn man unbedingt in einer kahlen Raucherwohnung ohne Vorhänge, Teppich oder Ähnliches podcasten möchte, hilft nur ein Trick: Mäntel oder Decken um den Schreibtisch herum aufhängen, das schluckt den Schall.

Wer nicht gerade jeden Tag einen Podcast online stellen möchte, bei dem darf auch ruhig die Nachbearbeitung ein wenig länger dauern. Wenn der Podcast einmal gesprochen ist, kann man nachträglich in Audacity beispielsweise längere Pausen herausschneiden – auch wenn sich hier die Podcast-Welt spaltet. Die einen wollen alles unverändert online stellen, die anderen pfriemeln gerne noch ewig an ihren Dateien herum, bis diese mehr oder weniger perfekt sind.

Nachträglich kann man ohne Mischpult beispielsweise auch ein Musik-Intro vorne anfügen und dieses ausblenden, sobald die Sprachaufnahme beginnt. Alles kein Problem.

Intro

Podcasts hören

Podcaster im
Porträt

**Podcasts
produzieren**

Goldene Regeln

Eigenwerbung

Geld verdienen

Outro

Allerdings Vorsicht mit den Audacity-Effekten! Hall oder Echo und Ähnliches nerven beim Hören. Ebenso sparsam sollte man das schöne Hin- und Herschwenken zwischen dem linken und rechten Kanal einsetzen.

Sobald die Aufnahme im Kasten ist, unbedingt die Datei speichern! So kann man alle Effekt-Spielereien im Notfall wieder rückgängig machen.

Ein sehr praktischer Effekt ist der Audacity-Kompressor. Er sorgt dafür, dass der Sound satter klingt. Einfach den gesamten Podcast markieren und im Kompressor das Verhältnis auf 3,5:1 oder sogar 4:1 stellen. Danach auf *Probehören* klicken und erst auf *OK* gehen, wenn man mit dem Ergebnis zufrieden ist.

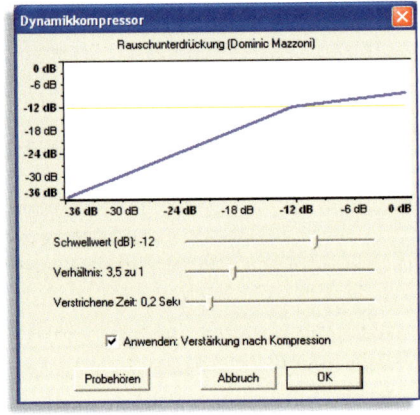

Der Audacity-Kompressor

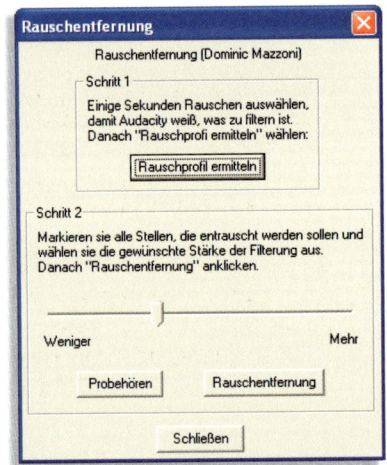

Ebenso praktisch ist die Rauschentfernung. Falls man in einem Raum mit einem gleich bleibenden Rauschen aufnimmt, ist dies störend. Daher einfach bei der Aufnahme ein paar Sekunden lang schweigen und dieses Rauschen sozusagen gezielt aufnehmen. Anschließend dieses stille Stück markieren, aus dem Menü *Effekt →*

Rauschentfernung mit Audacity

Rauschentfernung aufrufen und auf *Rauschprofil ermitteln* klicken. Das Fenster verschwindet daraufhin automatisch wieder. Jetzt lässt sich der gesamte Podcast markieren und das Fenster erneut öffnen – mit dem Regler kann man in Richtung „weniger" oder „mehr" gehen und sich das Ergebnis dann zur Probe anhören, bevor man die Rauschentfernung wirklich berechnen lässt. Doch Vorsicht: Lieber etwas zu wenig als zu viel Rauschen entfernen, sonst klingt die eigene Stimme schnell nach einem blechernen Roboter!

Das Setup von „Schlaflos in München"

Angefangen hat alles mit einem Dosenmikro. Das ist kein bestimmtes Mikro, sondern einfach ein Mikro bei dem man so klingt, als säße man in einer Dose. Aber für den Anfang musste das reichen. Später kam dann ein günstiges Mikrofon ins Haus, das vernünftig klingt – das t.bone EM900 Kondensator-Mikrofon für knapp 30 Euro.

Wichtig war mir dabei, dass man das Mikrofon mit einer Batterie betreiben kann – viele Mikros brauchen eine so genannte Phantomspeisung. Das bedeutet, dass sie ein wenig Strom brauchen und diesen dann beispielsweise von einem geeigneten Mischpult beziehen. Ohne diesen Strom funktionieren sie gar nicht – daher ist die Lösung mit der Batterie enorm praktisch.

Erst im März 2006 war dann endlich Geld genug da für ein besseres Mikro, das AKG C1000S. Bei Mikrofonen gilt: Es gibt kein perfektes Mikrofon für jede Stimme! Daher also am besten in ein Musikhaus gehen und dort mal ausprobieren und sich vor allem beraten lassen – denn das eigene Gehör spielt einem gerne mal einen Streich. Als Zubehör empfiehlt sich ein Schaumstoffkäppchen, damit es nicht so ploppt beim Sprechen und ein stabiler Mikrofonständer.

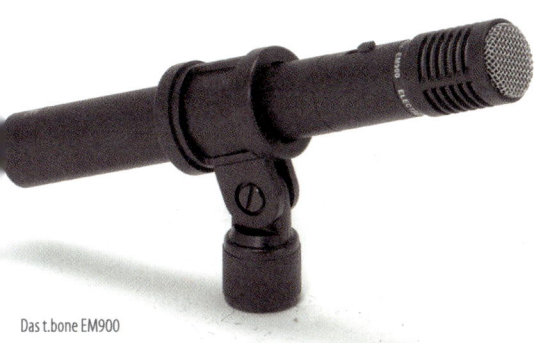

Das t.bone EM900

Intro

Podcasts hören

Podcaster im
Porträt

**Podcasts
produzieren**

Goldene Regeln

Eigenwerbung

Geld verdienen

Outro

Nachdem mir das Schneiden nach der Aufnahme von Anfang an zu viel Aufwand war, habe ich mir sehr bald ein kleines Mischpult gekauft, und zwar das Behringer UB502 Eurorack. Zugegeben, es ist winzig, aber es hat seinen Zweck fast ein Jahr lang erfüllt. Kleines Manko ist, dass dieses Mischpult keinen Ein- und Ausschalter hat und man daher also immer den Stecker ziehen musste, um es auszuschalten – aber eine Steckdosenleiste mit Schalter hat das

Das Mischpult Xenyx 502

Problem schnell gelöst. Seit dem Frühjahr 2006 gibt es die UB-Mischpulte nicht mehr – sie wurden eine Million Mal weltweit verkauft und tauchen nun in einer „aufgehübschten" Variante als Xenyx-Mischpulte wieder auf – die Ziffernbezeichnungen bleiben gleich, das ehemalige UB502 ist nun also das Xenyx 502.

Damit die Stimme ein bisschen satter und klarer klingt, hat mir ein Freund einen Kompressor mit Limiter und Gate ausgeliehen. Das war der dbx 166. Als ich mir dann selber einen kaufen wollte, war mir der dbx zu teuer – und ich landete wieder bei Behringer. Dort habe ich mir, aufgrund eines Tipps von Dave Shepherd von den „Word Nerds", den Composer Pro-XL MDX2600 gekauft.

Der Composer Pro-XL MDX2600

Die Firma Behringer

Die Firma Behringer wurde 1989 in Deutschland von Uli Behringer gegründet. Heute verfügt das Unternehmen über Stützpunkte in zehn Ländern und beschäftigt rund 2.500 Mitarbeiter. Behringer entwickelt seine Produkte in Deutschland, kauft dann aber in China ein und lässt dort auch produzieren. Uli Behringer ist eigentlich Diplom-Toningenieur und klassisch ausgebildeter Konzertpianist mit einer Leidenschaft für Jazz.

Im Frühjahr 2006 hat die Firma Behringer ein extra Paket für Podcaster geschnürt, das ich aber zu Redaktionsschluss dieses Buches noch nicht ausprobiert habe. Das Bundle enthält ein Audio-Interface, das per Firewire an den Computer angeschlossen werden kann (F-Control FCA202), ein großes Studiomikrophon (C-1), ein 8-Kanal-Mischpult (Xenyx 802) und einen Kopfhörer (HPS3000).

Schön ist es natürlich, wenn man eine kleine extra Soundquelle hat, mit der man den Podcast auflockern kann. Als so genannten *Zuspieler* wurde bei „Schlaflos in München" mein acht Jahre altes iBook entstaubt. Hier mache ich mit Quicktime all die Fenster auf, die ich während des Podcasts brauche, also vor allem das Intro und Outro sowie eventuelle Geräusche oder Ansagen anderer Podcaster. Per Mausklick wird ein Fenster nach dem anderen abgespielt und landet im Mixer.

Bliebe noch eine Frage: Wie und wo aufzeichnen? Der Computer hat bei mir ein ständiges Brummen verursacht, also habe ich ein kleines Audio-Interface gekauft, das man per USB an den Computer anschließen kann (M-Audio FastTrack). Das Lüftergeräusch des Computers blieb – also wurde wieder umdisponiert. Das M-Audio dient jetzt dazu, Skype-Calls aufzunehmen, hat aber mit Podcasting ansonsten nichts mehr zu tun. Stattdessen habe ich meinen alten MiniDisc-Rekorder wieder hervorgekramt (Sharp IM-DR580H), mit dem ich normalerweise Interviews aufzeichne. Jetzt kann ich also ohne Computer aufnehmen, einziger Nachteil: Die Datei muss nachher per Kabel in den Computer gelangen, und das dauert genauso lange wie die Aufnahme selbst. Der nächste Schritt wird also sein, gleich auf einen MP3-Player aufzunehmen, beispielsweise auf einen iRiver oder auf

Intro

Podcasts hören

Podcaster im
Porträt

**Podcasts
produzieren**

Goldene Regeln

Eigenwerbung

Geld verdienen

Outro

den Samsung YP-T6. Bei einem MP3-Player sollte man darauf achten, dass er mit einer möglichst hohen Bitrate aufzeichnet, sonst klingt es wie durch ein Telefon. Absolute Untergrenze sind 64 Kbps, viel besser sind 128 oder sogar 192 Kbps. Wenn der Player dann noch einen USB 2.0-Anschluss hat, dann geht das Überspielen auf den PC wie im Flug.

Kurz ein Wort zur Verkabelung: Das Mikrofon landet direkt im Mischpult, ebenso das Signal aus dem iBook (natürlich auf einem anderen Kanal). So kann man beide Soundquellen getrennt aussteuern, falls eine mal zu laut oder zu leise sein sollte. Das Signal aus dem Mischpult wandert durch den Kompressor und anschließend in den MiniDisc-Rekorder. Bei den Kabeln an sich sollte man sich beraten lassen und auf Qualität setzen – denn auch hier kann gerne mal ein Brummgeräusch entstehen.

Hör genau hin!

Wichtig ist vor allem, dass man beim Podcasting einen Kopfhörer trägt. Das mag am Anfang etwas seltsam erscheinen, aber es hat einen Sinn: Nur so weiß man, was letztlich auch wirklich aufgezeichnet wird. Daher sollte der Kopfhörer möglichst weit hinten angeschlossen werden, also beispielsweise bei meinem Setup direkt am aufzeichnenden MiniDisc-Rekorder. Würde ich ihn an das Mischpult anschließen, so würde ich das Signal hören, bevor es durch den Kompressor läuft. Was ich aber hören will, ist das Signal, das sozusagen aufgenommen wird. Mit der Zeit gewöhnt man sich daran, seine Stimme beim Sprechen laut im Kopfhörer zu hören – und spricht dadurch auch etwas deutlicher.

Software und Hoster

Immer mehr Software zum Aufzeichnen von Podcasts taucht in den verschiedensten Magazinen und Online-Quellen auf. Eine gut funktionierende Möglichkeit gibt es aber sogar kostenlos, und diese ist mittlerweile bei Podcastern auf der ganzen Welt beliebt.

Audacity

Audacity ist weit verbreitet (*http://www.audacity.de*), intuitiv zu bedienen und völlig ausreichend für das Podcasting. Wie bei jedem neuen Computerprogramm sollte man sich erst einmal ein paar Minuten den Einstellungen widmen, bevor man loslegt. Unter dem Reiter *Audio E/A* kann man die Soundquelle auswählen, falls man verschiedene Soundkarten zur Verfügung hat. Die Aufnahme-Kanäle lassen sich hier auf *Mono* oder *Stereo* setzen. Der nächste Reiter *Qualität* lässt die Einstellung der Samplefrequenz zu sowie das Sampleformat. Hier kann man ein wenig experimentieren – Empfehlungen gibt es aber weiter unten.

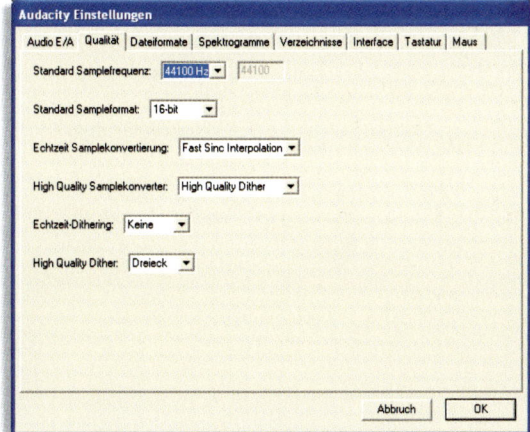

Hat man diese Einstellungen gewählt, ist man wieder im Programm Audacity unterwegs. Rechts oben befindet sich ein kleines Drop-Down-Menü mit allen möglichen Aufnahmequellen. Wichtig sind hier vor allem drei: *Mikrofon* – für ein direkt am dafür vorgesehenen Port angeschlossenes Mikrofon. *Line-In* – falls das Signal erst noch durch einen Mischer oder ein Effektgerät kommt und im Line-In landet – dieser Port ist meistens etwas lauter

Der Reiter Qualität im Einstellungs-Menü von Audacity

Intro

Podcasts hören

Podcaster im
Porträt

**Podcasts
produzieren**

Goldene Regeln

Eigenwerbung

Geld verdienen

Outro

und klarer. Und dann noch der *Stereo-Mix*. Hier nimmt Audacity alle Geräusche auf, die der Computer so von sich gibt. Das ist zwar wunderbar, wenn man beispielsweise auf dem gleichen Computer Soundschnipsel mit iTunes, Quicktime oder WinAmp abspielen möchte, man sollte aber darauf achten, dass bei einer solchen Aufnahme E-Mail-Programme, der Instant Messenger und andere Störenfriede ausgeschaltet sind – sonst klingelt es mitten im Podcast.

Eigentlich funktioniert Audacity wie ein guter alter Kassettenrekorder. Es gibt einen roten Aufnahmeknopf, einen grünen Abspiel-Button und eine Stopp- und Pausetaste. Also zum Aufnehmen einfach den roten Knopf mit der Maus anklicken, sprechen und am Ende auf *Stop* oder *Pause* klicken. Hat man am Anfang zu lange gewartet, kann man diese Stille einfach herausschneiden – Bereich mit der Maus markieren als wäre es Text in einem Dokument, und auf die *Entfernen*-Taste der Tastatur drücken.

Dazu kommt in Audacity eine kleine Anzeige, die den Pegel der Aufnahme anzeigt. Wichtig ist: Die aufgezeichnete Spur sollte deutlich zu sehen sein, also deutliche dunkle Zacken abbilden. Wer einen Mischer hat, sollte immer ein Auge auf die dortige Anzeige haben: Ist die Aufnahme im grünen Bereich und flackert immer wieder Gelb, so ist alles in Ordnung. Geht sie in den roten Bereich, ist das Signal übersteuert. Auch hier gilt für Anfänger: Ausprobieren, aufzeichnen, anhören, nachjustieren und wenn alles passt: Finger weg!

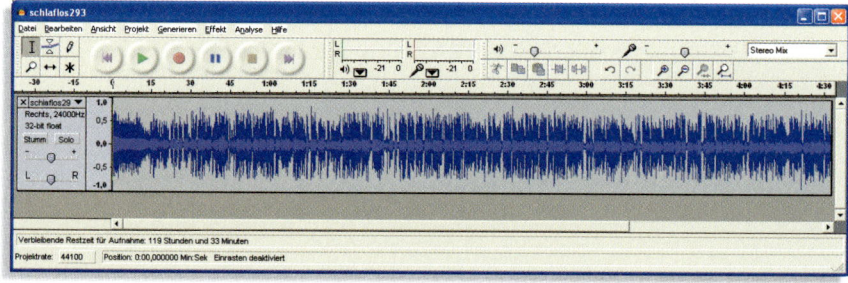

Bedienoberfläche von Audacity

Da rohe Audiodateien sehr groß sind – zu groß, um sie ins Internet zu stellen, muss die Datei verkleinert, d.h. komprimiert werden. Das geht nicht direkt mit Audacity, sondern mit dem so genannten *LAME Encoder*. Den gibt es ebenfalls im Internet (*http://lame. sf.net*), und wenn er einmal installiert ist, taucht er als Plug-In in Audacity auf. Hier kann man also aus dem Audacity-Projekt eine MP3-Datei machen. Wichtig ist dabei die Bitrate: Je kleiner die Datei wird, desto stärker ist sie komprimiert und desto schlechter klingt sie. Man sollte also einen guten Mittelweg finden.

Als Orientierungshilfe gilt bei der einstellbaren Bitrate: 192 ist CD-Qualität, bei Aufnahmen mit Musik in Stereo sollte man nicht unter 128 gehen und bei Sprache in Mono reicht eine Bitrate von 64 völlig aus.

Wichtig ist auch die Einstellung der Standard-Samplefrequenz. 44.1 kHz ist gängig und für Podcaster eigentlich sogar ein Muss. Denn die Player auf verschiedenen Seiten können nur diese Frequenz abspielen. Alles andere klingt sonst quietschig wie Mickey Mouse!

Bei einem normalen gesprochenen Podcast in Mono und mit einer Bitrate von 64 sind zwei Minuten ungefähr 1 MB.

CastBlaster

Natürlich gibt es noch mehr Podcast-Software, führend ist hier wohl der CastBlaster von PodShow (*http://www.castblaster.com*). Eine zehnminütige Testversion ist kostenlos, wer zeitlich unbegrenzt aufnehmen möchte, muss 44,44 Euro zahlen. CastBlaster ist rund 12,5 MB groß und wird ständig weiterentwickelt, um gezielt vor allem Podcaster zufrieden zu stellen. Auf einen Blick sieht man hier den Aufnahmepegel sowie einzelne Knöpfe, die man selbst mit Soundeffekten wie Intros oder Musikstücken und Kommentaren von Hörern belegen kann. Ein Mausklick genügt, um diese Sounds abzuspielen, so wie es in den alten Cartmaschinen in Radiostudios üblich war.

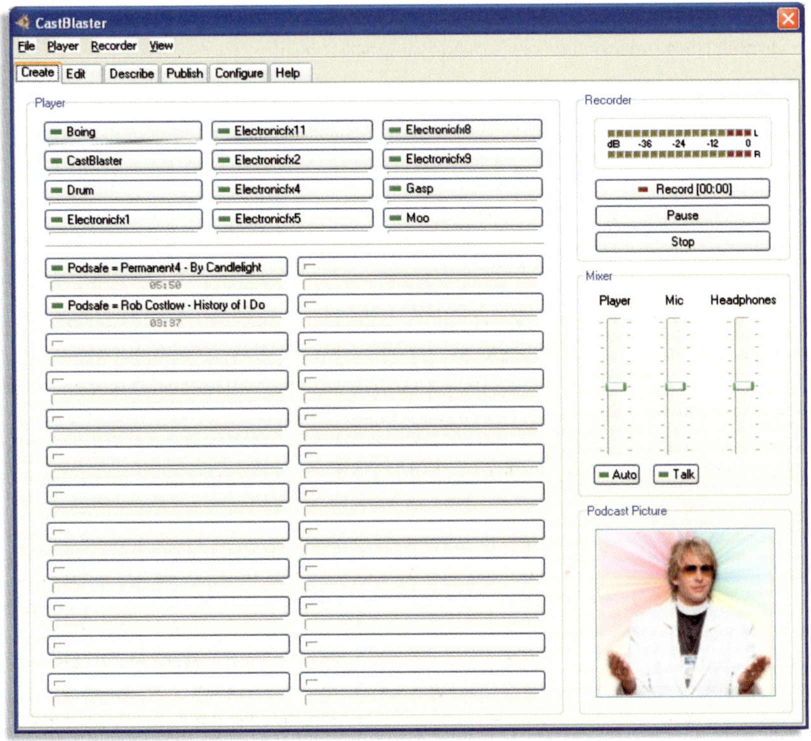

Intro

Podcasts hören

Podcaster im Porträt

Podcasts produzieren

Goldene Regeln

Eigenwerbung

Geld verdienen

Outro

Bedienoberfläche von CastBlaster

Garageband und Audio Hijack Pro

Apple-User sind begeistert von Garageband, mit dem man nicht nur Musik komponieren und aus einem reichen Fundus aus Produktionsmusik wählen, sondern auch Podcasten kann. Wer einen älteren Mac hat, muss nachrüsten – Garageband ist Teil des Multimedia-

Pakets iLife, das rund 80 Euro kostet. Nicht ganz kostenlos, aber mit 32 Dollar wirklich erschwinglich und empfehlenswert ist Audio Hijack Pro (*http://roguemoeba.com/audio-hijackpro*).

Kleine Helfer

Wer seine Podcasts an einem Computer bastelt ohne Hilfsmittel wie einen Mischer oder ein externes Aufnahmegerät, für den ist der Computer nicht nur der Rekorder, sondern auch gleichzeitig die Musikmaschine. Das bedeutet, dass Soundschnipsel wie ein Gläserklirren zum Unterstreichen der im Podcast erwähnten Partystimmung, ein Lied der eigenen Band oder eine Botschaft eines Hörers live eingespielt werden müssen, wenn man nicht nachher noch schneiden möchte. Hier empfiehlt es sich, jedes dieser Geräusche in einem anderen Fenster zu öffnen, damit man sie nacheinander abfahren kann. Das funktioniert beispielsweise mit Quicktime oder auch mit WinAmp. Hier kann man auch bei jedem Schnipsel einzeln die Lautstärke justieren und sieht, wann der Sound abgespielt ist und man wieder mit der Moderation dran ist. Aber Achtung – für eine solche Aufnahme muss in Audacity unbedingt der Stereo Mix aktiviert sein!

PodHost

Wohin mit dem Podcast, wenn er einmal im Kasten ist? Auch hier gibt es mehrere Möglichkeiten. Für Anfänger empfiehlt es sich, einen der Anbieter zu wählen, die einem so gut wie alles abnehmen. In Deutschland ist hier PodHost führend (*http://www.podhost.de*). Abgerechnet wird hier nach dem Volumen der hochgeladenen Podcasts. Es ist also egal, wie viele Downloads man hat. 30 MB pro Monat sind sogar kostenlos, ein großzügiges Angebot für all jene, die sich erst einmal ausprobieren wollen in dieser neuen Welt. Jeden Monat gibt es neuen Speicherplatz.

Einmal registriert, gibt man hier zunächst allgemeine Infos zum neuen Podcast ein, also den Namen des Autors, eine Kontakt-Mailadresse und eine kurze Beschreibung des Inhalts. Dann lädt man seine erste MP3-Datei hoch, gibt einen Titel und eine kleine Zusammenfassung ein und schon ist die Datei online. PodHost sorgt dafür, dass iTunes (nach der manuellen Registrierung, dazu später mehr) von der neuen Episode erfährt sowie viele

Intro

Podcasts hören

Podcaster im
Porträt

**Podcasts
produzieren**

Goldene Regeln

Eigenwerbung

Geld verdienen

Outro

andere Podcast-Dienste. Dazu wird die eingegebene Beschreibung automatisch in ein Blog gepostet, man hat also seine eigene Homepage, ohne dafür zusätzlich Geld ausgeben oder Zeit aufwenden zu müssen. Die Statistiken geben darüber Auskunft, wie oft die einzelnen Dateien heruntergeladen wurden und mit welchen Programmen. PodHost ist schnell, stabil und vielseitig – und wird ständig weiterentwickelt. Denn hinter PodHost steht der bayerische Student Michael Elsdörfer, dem es weniger um den finanziellen Erfolg geht als um die Weiterentwicklung dieses Dienstes. Gibt es mal ein Problem – so ist Michael per E-Mail fast immer zu erreichen.

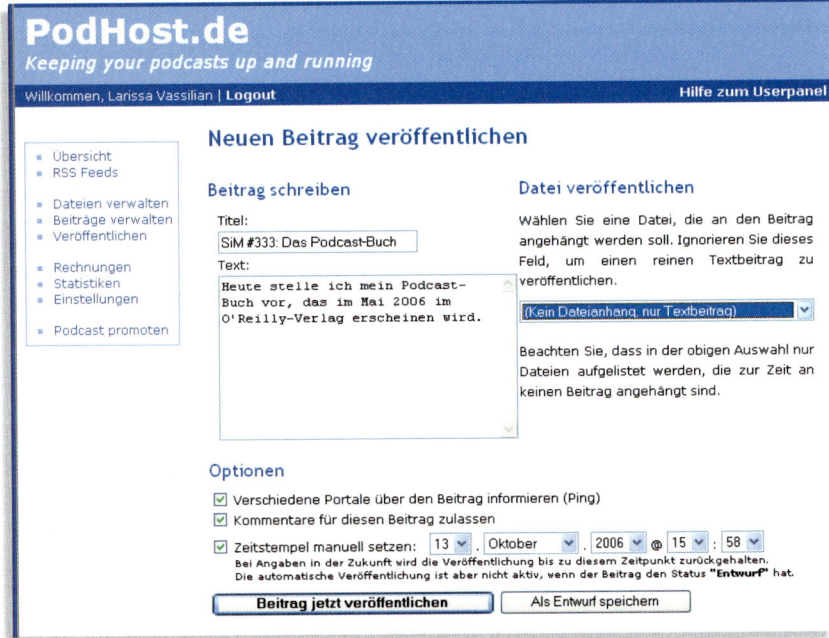

Der Hosting-Service PodHost

Wer hat an der Uhr gedreht?

Es muss nicht immer live sein: Bei Pod-Host und LibSyn kann man einstellen, wann die neue Folge online gehen soll. So ist vorproduzieren gar kein Problem.

Post Date:
December ▼ | 24 ▼ | 2007 ▼ | 10 ▼ | 00 ▼
(posts dated in the future will be made available at that date / time)

LibSyn

Schon längst kein Ein-Mann-Unternehmen mehr ist das amerikanische Pendant LibSyn (*http://www.libsyn.com*, kurz für Liberated Syndication, frei übersetzt „befreite Verbreitung"). Es bietet die gleichen Funktionen an wie PodHost und unterliegt auch ähnlichen Tarifen. Bezahlen kann man aus Übersee leicht mit einem Paypal-Abo (*http://www.paypal.de*) und auch der Kundendienst ist zuvorkommend und schnell. Zwei Probleme gibt es allerdings derzeit für deutsche Nutzer: Zum einen werden Umlaute nicht korrekt dargestellt, zum anderen wird hin und wieder an den Servern geschraubt – vorzugsweise in der amerikanischen Nacht, was dann europäische Podcast-Hörer oft für einige Stunden von neuen Episoden abhält. An beiden Problemen wird aber derzeit auf Hochtouren gearbeitet. LibSyn wird ständig weiterentwickelt, oft kommen neue Funktionen hinzu, wie beispielsweise die Möglichkeit, die Länge der einzelnen Folgen direkt einzutragen, damit diese dann in iTunes dargestellt wird. Wie sich ein solches Unternehmen überhaupt halten kann? Ganz einfach: Neue Podcast-Folgen werden auf die neusten, schnellsten Server des Unternehmens gestellt, die alten werden ins Archiv verbannt und sind dadurch langsamer herunterzuladen.

Wer nicht mit LibSyn oder ähnlichen Diensten arbeitet, der kann dennoch laut verkünden, dass er eine neue Folge online gestellt hat, und zwar indem er sie auf der Seite *http://audio.weblogs.com/pingform.html* einträgt.

Intro

Podcasts hören

Podcaster im
Porträt

**Podcasts
produzieren**

Goldene Regeln

Eigenwerbung

Geld verdienen

Outro

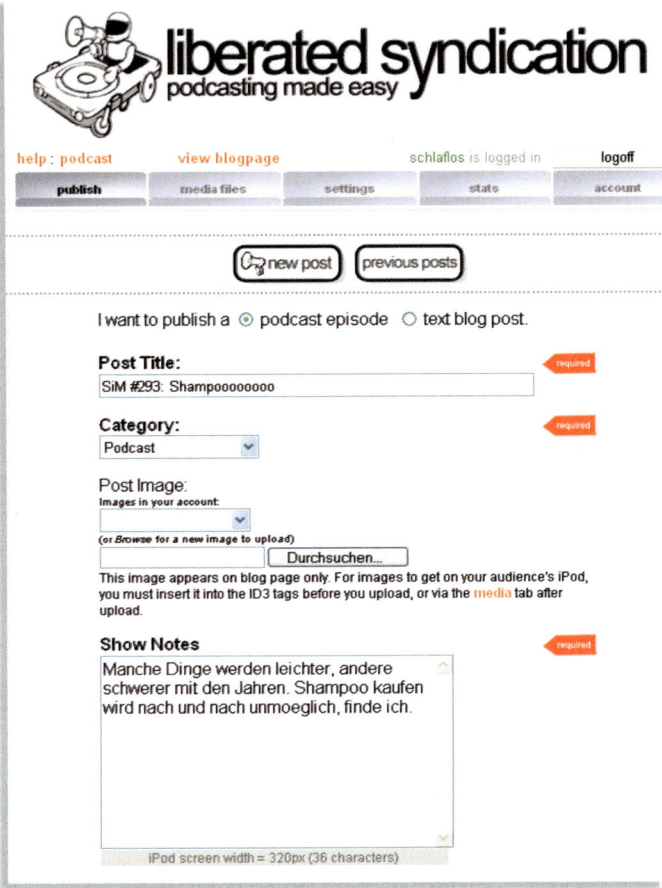

Der Hosting-Service LibSyn

WordPress

Wer lieber seine eigene Internetseite bastelt und Podcasts bei einzelnen Blog-Einträgen hinzufügen möchte, für den ist WordPress das Richtige. Das Programm ist leicht zu installieren, frei verfügbar (*http://wordpress.de*) und extrem simpel zu bedienen. Dazu kommen viele Plug-Ins, mit denen das Bloggen zu einem individuell gestaltbaren Spaß wird. Allerdings: WordPress basiert auf MySQL und PHP – wer also nur ein Basis-Webpaket hat, sollte vor der Installation bei seinem Hoster nachfragen, ob er über diese beiden Voraussetzungen verfügt.

Loudblog

Die gleichen Voraussetzungen muss man mitbringen, wenn man sich für die Software Loudblog (*http://loudblog.de*) des Deutschen Gerrit van Aaken interessiert. Ebenfalls kostenlos im Internet erhältlich setzt auch sie MySQL und PHP voraus. Der große Vorteil an Loudblog ist allerdings, dass man hier nicht nur verschiedene Layouts gleich fertig vorfindet, sondern dass das Programm den RSS-Feed für den eigenen Podcast automatisch mit erstellt.

Feed Validator

Ein Muss ist der Besuch beim Feed Validator (*http://feedvalidator.org*), bevor man den neu geschaffenen Podcast locker und frei in die Welt hinausposaunt. Hier gibt man kurz seinen Feed ein und lässt online sofort checken, ob alles in Ordnung ist.

Intro

Podcasts hören

Podcaster im
Porträt

**Podcasts
produzieren**

Goldene Regeln

Eigenwerbung

Geld verdienen

Outro

Ran an den Speck: Die erste Folge

Die Technik steht, alles ist bereit zur Aufnahme, und dann kommt man sich plötzlich vor wie Ernest Hemingway vor einem leeren Blatt in der Schreibmaschine. Was tun? Womit anfangen? Worüber reden? Wie lang soll die erste Folge sein? Nachrichtlich oder persönlich? Und vor allem: Was schafft man zeitlich?

Für den Anfang gilt: Sich nicht übernehmen! Wer sich vornimmt, jeden Tag wie Adam Curry 45 Minuten ins Mikro zu quatschen, wird schnell den Spaß am Podcasting verlieren und die Flinte ins Korn werfen. Es gilt wie so oft: Weniger ist mehr. Zu viele gute Podcasts sind schon furios gestartet und dann viel zu früh gestorben!

Als Thema empfiehlt sich etwas, wofür man eine Leidenschaft hegt. Kinofreunde sprechen über Kino, Hobbyköche über Rezepte, Radfahrer über schöne Strecken, Tänzer über Wettbewerbe, Eltern über Erziehung, Briefmarkensammler über Briefmarken. Jeder hat ein Hobby oder ein Interesse, das ihn besonders fesselt. Und genau diese Faszination soll sich auf den Hörer übertragen. Also: Mit was könnte man leidenschaftlich Abende lang die Freunde nerven – oder tut es vielleicht sogar? Über das Brettspiel Siedler? Über antiquarische Bücher, Aquarelltechniken, IKEA? Oder wie wäre es mit einer eigenen Comedy-Casting Show unter Freunden, mit Studenten-Nachhilfe in bestimmten Fächern oder einem Origami-Videocast? Es geht alles – hier geht es nicht um die Quote!

Ist der Podcast dann gestartet, folgt als nächste Emotion nach dem Jubel sofort das Entsetzen und die Panik: Worüber bloß in der nächsten Folge reden? Hier hilft eine kleine Gedankenstütze, ein Notizbüchlein, das immer mit von der Partie ist und in das man Beobachtungen oder Einfälle eintragen kann. Aber Vorsicht: Keine ganzen Sätze notieren, sondern nur Stichpunkte! Sonst wird man schnell zum Ablesen verleitet und das klingt in den meisten Fällen langweilig.

Loslegen!

Natürlich sollte man sich über grundlegende Dinge Gedanken machen. Über die Länge, das Format, die generelle Richtung des Podcasts. Dennoch: Nicht zu lange überlegen, sondern einfach mal probieren! Es gibt zu viele Fast-Podcaster da draußen. Menschen, die eine Podcast-Idee seit Wochen oder sogar Monaten mit sich herumtragen und sich noch nie vor das Mikro gesetzt haben. Was kann schon passieren? Im besten Fall kommen zwei nette Mails eingetrudelt und man fühlt sich bestärkt in seinem neuen Hobby. Das ist doch fabelhaft! Also – ran ans Mikro. Nur so kann man langsam aus Erfahrungen lernen und besser werden.

Podcasting ist experimentell, Podcasting ist Learning-by-Doing. Hier kann man ausprobieren, was funktioniert und was nicht und so nach und nach zum eigenen Stil finden. Da muss nicht alles von Anfang an perfekt sein – im Gegenteil. Versprecher oder Fehler sind liebenswert, und Podcast-Hörer verzeihen viel. Podcasts sind eben nicht steril, da kann auch mal das Kind reinkommen und quengeln oder die Katze über die Tastatur laufen.

 Bei „Schlaflos in München" regten sich sogar einige Hörer auf, als die Katze sich nicht mehr meldete – ich sei zu professionell geworden, hieß es dann, das sei kein Podcast mehr. Der Grund war schlichtweg, dass die Katze keine Lust mehr hatte, vor das Mikro zu laufen.

Auch die richtige Verpackung muss am Anfang noch nicht fertig sein. Wer kein Talent oder kein Händchen für musikalische Intros oder Outros hat, sollte im Freundeskreis nachfragen oder in Podcast-Foren nach einem talentierten Hobby-Komponisten suchen. Das alles hat aber Zeit. Zunächst mal muss der Podcast aus der Taufe gehoben werden.

Leichter gesagt als getan, das ist klar. Nicht jeder tut sich leicht, in einem Raum allein zu sitzen und in ein Mikrofon zu sprechen. Manchmal muss man die eigene Psyche etwas austricksen, damit das funktioniert. Man kann sich beispielsweise vorstellen, dass man einem Freund etwas auf den Anrufbeantworter spricht. Man kann sich auch ein Foto von George Clooney oder der eigenen Oma an die Wand heften und sich vorstellen, ihnen etwas zu erzählen.

Intro

Podcasts hören

Podcaster im
Porträt

**Podcasts
produzieren**

Goldene Regeln

Eigenwerbung

Geld verdienen

Outro

Wenn das alles nichts hilft, sollte man sich nicht länger quälen, sondern nach einem Duettpartner suchen. Gibt es im Freundeskreis jemanden, der mitmachen würde? Zu zweit ist es viel leichter, Gespräche aufzuzeichnen, die locker und natürlich klingen. Wenn die Freunde oder Verwandten keine Lust haben, empfiehlt sich auch hier ein Blick in die Podcast-Foren – vielleicht gibt es ja hier auch einige Fast-Podcaster, denen es ähnlich geht.

Für längere Podcasts empfiehlt es sich, so genannte Shownotes zu schreiben. Shownotes sind ein Ablaufplan der Episode, der als Gedächtnisstütze fungiert und auch dazu dient, ein ähnliches Format beizubehalten. Generelle Infos, die bei längeren Episoden in jeder Folge vorkommen sollten, sind beispielsweise eine Mailadresse für Kommentare, der Hinweis auf die eigene Internetseite und eventuell auch ein Dank an Menschen, die bei der Entstehung mitgeholfen haben.

Soundseeing

Es gibt Podcaster, die hält es nicht in der eigenen Wohnung am PC. Die müssen raus, in die Natur, an die Luft. Die Ausrüstung für einen derartigen Ausflug ist natürlich grundlegend anders als bei der Produktion zuhause. Niemand trägt gerne ein auffälliges, großes Mikrofon mit sich herum, niemand hat ein Mischpult an den Gürtel geschnallt und einen Laptop auf dem Gepäckträger des Fahrrads. Stattdessen bietet es sich hier an, einen MP3-Player mitzunehmen, der gleichzeitig auch aufzeichnen kann, und zwar in einer möglichst guten Qualität. Der iRiver hat sich in diesem Bereich bei vielen Podcastern durchgesetzt. Angeschlossen an diesen kleinen Player werden Stereomikrofone, die winzig klein sind und um die 100 Euro kosten. Dave Shepherd von den Word Nerds hatte auf seiner Deutschlandreise zwei dieser Mikrofone wie kleine Mickey-Mouse-Ohren an eine Baseballkappe gepinnt, damit man wirklich genau das hören konnte, was er selbst hörte.

Diese Unterwegs-Podcasts haben mittlerweile den etablierten Namen Soundseeing-Touren erhalten. Natürlich gibt es eine eigene Soundseeing-Kategorie bei der PodShow (*http://soundseeingtours.podshow.com*) mit Mini-Cooper-Testfahrt und Disneyland-Besuch. Aber natürlich gibt es weltweit viele andere Podcaster, die sich auf derartige Unternehmungen spezialisiert haben. Sie nehmen ihr mobiles Equipment mit ins Auto auf dem Weg zur Arbeit, fahren damit Aufzug und sprechen Menschen an oder lassen die Geräusche eines Froschteichs auf die Hörer wirken.

Was so einfach klingt, ist eine Kunst für sich! Soundseeing-Touren funktionieren nur, wenn man wirklich Außergewöhnliches zu hören bekommt. Straßenlärm gibt es schließlich überall, dafür muss ich mir keine Podcasts herunterladen. Außerdem muss man eine gehörige Portion Selbstbewusstsein mitbringen, um mit den Mikrofonen nach draußen zu gehen und dort zu sprechen. Wenn jemand auf diese Weise interviewt wird, sollte man ihn unbedingt darüber aufklären – also keine Geheiminterviews! Mehr dazu im Abschnitt *Die rechtliche Seite* in Kapitel 5.

Intro

Podcasts hören

Podcaster im
Porträt

**Podcasts
produzieren**

Goldene Regeln

Eigenwerbung

Geld verdienen

Outro

Interviews führen

Gute Interviews zu führen ist schwerer, als man vielleicht glauben möchte. Nicht umsonst müssen Journalisten dieses Handwerk erst lernen. Ein paar Grundregeln gibt es allerdings, die man sehr schnell intus hat. Eigentlich selbstverständlich sollte eine gewisse Höflichkeit gegenüber dem Befragten sein. Man strahlt ihm ja schließlich keinen Scheinwerfer ins Gesicht, um etwas aus ihm herauszupressen – dass er sich die Zeit nimmt, um neugierige Fragen zu beantworten, sollte man als Geschenk ansehen.

Noch bevor das Interview aufgezeichnet wird, sollte man den Interviewgast darüber aufklären, was man ihn fragen möchte. Nicht im kleinsten Detail, aber er soll wissen, was ihm bevorsteht. Ebenso sieht es aus mit der Länge des Interviews, auch diese sollte vorher festgelegt werden. Gerade bei einem Audiointerview bietet es sich an, um kurze Antworten zu bitten. „Sonst muss ich später schneiden", ist eine ehrliche und wirksame Drohung, denn jeder Befragte hat Angst davor, sinnentstellt wiedergegeben zu werden. Genau das darf natürlich nicht passieren – auch wenn geschnitten wird.

Für das Vorfeld gilt: Recherche hoch drei. Ein Interview führt man nicht, um spontan neugierige Fragen zu stellen. Ein Interview sollte man führen, um den Leser oder Hörer zu informieren. Das geht nur, wenn man gut vorbereitet ist – sonst vergisst man schlichtweg wichtige Fragenbereiche oder weiß im schlimmsten Fall bald gar nicht mehr, wovon der Befragte eigentlich redet. Gute Vorbereitung ermöglicht auch kluge Nachfragen – und die geben dem Gast das Gefühl, dass sich da jemand wirklich die Mühe gemacht hat, ihn zu verstehen.

Auf dem Spickzettel sollten auch die Fragen stehen – in der richtigen Reihenfolge. Wer sofort mit einer heiklen Frage anfängt, wird kein offenes, freundliches Gespräch zustande bringen. Es ist so, als würde man einen Fremden auf einer Cocktailparty treffen – da fängt man auch mit Smalltalk an, bevor man ans Eingemachte geht. Wenn man weiß, dass bestimmte Fragen unangenehm sind, so gehören die ganz an den Schluss des Interviews. Falls der Gast daraufhin nämlich das Interview abbricht, hat man immerhin schon ein paar Minuten im Kasten. Im Normalfall werden Podcaster-Interviews aber ohnehin keine heißen Eisen anpacken, sondern einfach freundliche, interessante oder amüsante Gespräche sein.

Freiwillige Selbstkontrolle

Es gibt keine Quote, es gibt keine Zensur, es gibt keinen Chef, der einem über die Schulter schaut. Allzu schnell werden manche Podcaster daher übermütig. Damit die Podcast-Welt ihr gutes Image behält, sollte man auf die eigene Vernunft hören. Wenn es derb wird, sollte man unbedingt den *Explicit Tag* in iTunes setzen, damit Eltern gewarnt sind und ihren Kindern derartige Episoden vorenthalten können.

Außerdem ist das Internet natürlich auch kein rechtsfreier Raum – Beleidigungen, Verleumdungen oder das Ausplaudern von Betriebsgeheimnissen haben hier nichts zu suchen.

> Bevor man eine Folge online stellt, sollte man sich fragen, ob man es auch wagen würde, all das noch einmal auf einem mit 1.000 Menschen gefüllten Platz in ein Megaphon zu schreien.

Der Explicit Tag in iTunes

Intro

Podcasts hören

Podcaster im
Porträt

**Podcasts
produzieren**

Goldene Regeln

Eigenwerbung

Geld verdienen

Outro

56

Kurz was für Streber

Podcasting entwickelt sich ständig weiter, und auch wenn man die grundlegenden Zusammenhänge begriffen hat, so kann man stetig weiterbasteln und den eigenen Podcast weiterentwickeln.

Enhanced Podcast

Enhanced Podcasts sind sozusagen gepimpte Podcasts. Sie sind aufgemotzt durch Bilder und Links. Wenn also im Podcast beispielsweise über eine bestimmte Internetseite gesprochen wird, dann taucht gleichzeitig auf dem iPod oder in iTunes ein Screenshot der Seite auf – wenn man am Computer sitzt und auf dieses Bildchen klickt, wird man direkt zur entsprechenden Seite gelinkt.

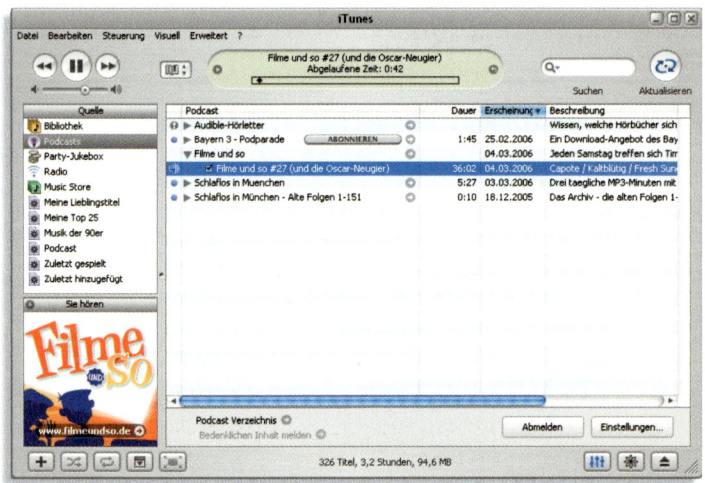

Integrierter Link zu filmeundso.de

Enhanced Podcasts sind vor allem aber auch eine schöne Möglichkeit, um besonders lange Podcasts in Kapitel zu unterteilen. Ein Beispiel dafür ist der PodFinder von Adam Curry – hier stellt er verschiedene Podcasts vor. Wen einer davon nicht interessiert, der klickt einfach auf die Skip-Taste, und schon ist er beim nächsten Kapitel.

Kapitelunterteilung eines Podcasts

Im neuen Garageband von Apple ist diese Kapitelfunktion schon integriert, und auch sonst ist sie vor allem bei Apple-Benutzern verbreitet, da für Windows-Nutzer bislang die nötige Software fehlte. Es gibt verschiedene Möglichkeiten, einen Podcast zu enhancen, am einfachsten geht dies mit den so genannten *Chapter Tools* von Apple. Einfach auf der Apple-Seite (*http://www.apple.de*) das Stichwort „Enhanced Podcast" in die Suchfunktion eingeben, schon wird eine Reihe von aktuellen Möglichkeiten ausgespuckt.

Intro

Podcasts hören

Podcaster im
Porträt

**Podcasts
produzieren**

Goldene Regeln

Eigenwerbung

Geld verdienen

Outro

Auch wenn es toll ist, einen Enhanced Podcast zu machen: Es schließt andere Hörer aus! Denn die AAC-Dateien eines Enhanced Podcast können derzeit nicht auf allen MP3-Playern abgespielt werden, sondern vor allem von iPods, iTunes und wenigen anderen Geräten. Wer gerne mit den Kapiteln experimentieren will, sollte auf jeden Fall auch die herkömmliche MP3-Datei anbieten.

RSS selber basteln

Wer sich nicht auf andere Dienste oder Software verlassen möchte, der kann seinen RSS natürlich auch selber machen: Entweder komplett selbst programmieren oder mit Hilfe des Dircaster (*http://www.shadydentist.com/wordpress/software/dircaster*). Dieses kleine Skript kann man einfach in ein Verzeichnis auf dem eigenen Server legen, der PHP-fähig ist. In genau dieses Verzeichnis lädt man dann eine neue MP3 hoch – und schon wird sie in den RSS-Feed integriert.

Ähnlich einfach funktioniert FeedForAll, das ein paar einfache Fragen stellt und daraufhin dann den RSS-Feed automatisch bastelt (*http://www.feedforall.com*).

Auch wenn es anfangs ein bisschen mehr Organisationsaufwand ist, sollte man seinen RSS-Feed nicht aus der Hand geben. Angenommen, man lässt ihn über LibSyn laufen – und LibSyn macht wider Erwarten Pleite oder hört einfach auf. Oder es gibt plötzlich ein viel lukrativeres Modell, und man möchte mitsamt dem Feed umziehen? Dann ist der RSS-Feed verloren und viele Hörer bekommen keine neuen Podcast-Folgen mehr. Natürlich werden sich einige die Mühe machen, den neuen Feed herauszubekommen – aber längst nicht alle. Daher empfiehlt es sich, gleich von Anfang an den RSS-Feed auf dem eigenen Server oder der eigenen Domain zu lassen.

Bei LibSyn habe ich gleich zu Beginn alles so angelegt, dass beispielsweise der RSS in der eigenen Hand bleibt (bei mir *www.schlaflosinmuenchen. com/rss*), dieser im Hintergrund aber dennoch von LibSyn geliefert wird. Also keine zusätzliche Arbeit, aber mehr Sicherheit für die Zukunft.

Skype-Calls aufnehmen

Ganz weit oben auf dem Wunschzettel vieler Podcaster steht die Idee, Skype-Calls aufzuzeichnen. Skype ist ein weit verbreiteter Internettelefondienst. So könnte man kleine Interviews machen mit Menschen auf der ganzen Welt und diese als Podcast online stellen. Eine schöne Möglichkeit, aber leider eine der größten Herausforderungen überhaupt.

Das Problem besteht darin, dass die meisten Computer nur eine Soundkarte haben. Diese Soundkarte wird nun dazu verwendet, die eigene Stimme zum Skype-Partner zu schicken und dessen Antwort hörbar zu machen. Dadurch ist die Soundkarte im Normalfall so beschäftigt, dass sie nichts anderes mehr schafft. Wenn man also Audacity öffnet und das Gespräch gerne aufzeichnen würde, funktioniert es nicht.

Lösungen gibt es für dieses Problem viele. Zum einen gibt es Softwarehersteller, die zusätzliche Programme entwickelt haben, mit denen man Skype-Calls aufnehmen kann. So zum Beispiel der Hotrecorder (*http://www.hotrecorder.com/*). Wer ihn in der kostenlosen Version herunterlädt, hat zwei Probleme: Zum einen wird Werbung eingeblendet, die man nur schwer ignorieren kann, zum anderen – und das ist der wichtigere Punkt – kann man das aufgezeichnete Gespräch in kein brauchbares Format umwandeln. Erst wer die knapp 15 Dollar für die Vollversion bezahlt hat, wird sowohl von Werbung verschont als auch mit Möglichkeiten unterstützt, die Gespräche als WAV oder OGG weiterzuverarbeiten. Die Qualität der aufgezeichneten Gespräche gleicht denen eines normalen Telefongesprächs, ist also eher dumpf.

Ein ähnliches Programm ist Pamela (*http://www.pamela-systems.de/*). Eigentlich wird sie vor allem als Skype-Anrufbeantworter angepriesen, die Software kann aber noch mehr, wie zum Beispiel Gespräche aufzeichnen. Das funktioniert auf Windows-Rechnern zwar in annehmbarer Qualität, ist aber leider im Eigenversuch nicht ganz stabil gewesen und brach hin und wieder mitten im Gespräch ab.

Mac-Benutzer können auch Soundflower (*http://www.cycling74.com/downloads/soundflower*) ausprobieren, ein kostenloses Programm, das einfach gesagt mehrere Soundkarten simulieren kann.

Eine qualitativ bessere Möglichkeit ist die Anschaffung einer zweiten Soundkarte, einer Soundkarte die mehrere Kanäle zulässt oder eines externen Audio-Interface. So kann die

Intro

Podcasts hören

Podcaster im
Porträt

**Podcasts
produzieren**

Goldene Regeln

Eigenwerbung

Geld verdienen

Outro

eine Soundkarte sich voll und ganz auf den Skype-Call konzentrieren, während sich die andere mit der Aufnahme abmüht.

Podcaster, die in unterschiedlichen Orten wohnen und gemeinsam einen Podcast aufnehmen wollen, haben sich mittlerweile fast alle für den so genannten *Double Ender* entschieden. Dabei führt man ein normales Telefon- oder Skype-Gespräch, nimmt sich aber gleichzeitig mit einem guten Mikrofon auf, beispielsweise auf einem MiniDisc-Rekorder. Nach der Aufnahme werden beide Spuren zusammengemischt – und die Qualität ist so gut, als hätten beide im gleichen Zimmer gesessen.

Soundschnipsel kaufen

Soll im Podcast im Hintergrund ein Hund bellen? Oder soll eine Hupe ertönen, die so klingt als wäre sie direkt einem alten Disney-Zeichentrickfilm entnommen? Kein Problem. Für solche Soundwünsche gibt es viele verschiedene Anlaufstellen. Bewährt hat sich die riesige Datenbank Sounddogs (*http://www.sounddogs.com*). Hier kosten die Soundschnipsel allerdings etwas – dafür kann man sie auch für kommerzielle Zwecke nutzen, falls der Podcast eines Tages mal Gewinn abwirft.

Mini-Buttons entwerfen

Es gibt winzige Buttons, die auf Podcast-Seiten immer wieder auftauchen. Diese Mini-Buttons sind rechteckig und 80x15 Pixel groß. Sie wirken grafisch nicht gerade ausgeklügelt, aber sie sind ein Erkennungszeichen beispielsweise für RSS-Feeds geworden. Wer sich seine eigenen Buttons machen möchte, der kann dies bei *http://www.lucazappa.com/brilliantMaker*.

Lautstärkeregler

Damit alle Podcasts die gleiche Lautstärke haben und dem Hörer nicht plötzlich die Ohren wegfliegen, wenn man mal einen Trommelwirbel spielt, empfiehlt es sich, die Episoden vor dem Upload durch ein kleines Programm zu jagen, das sich MP3Gain nennt (*http://mp3gain.sourceforge.net/*), und sich auf den Wert von 90 dB einzupendeln.

Intro

Podcasts hören

Podcaster im
Porträt

Podcasts
produzieren

Goldene Regeln

Eigenwerbung

Geld verdienen

Outro

Regelmäßigkeit

Die Tagesschau kommt immer um 20.00 Uhr, der Spiegel liegt am Montag im Briefkasten und Weihnachten ist immer am 24. Dezember. Podcasts unterliegen keinem Sendeschema, keinem Stundenplan, keinem Kalender. Dennoch sollte man nicht zu lax mit der Veröffentlichung umgehen: Menschen sind nun mal Gewohnheitstiere. Wenn man einen Podcast online stellt, wenn einem gerade danach ist, so ist das natürlich in Ordnung. Wenn man aber, wie beispielsweise bei „Filme und so", immer um Mitternacht von Freitag auf Samstag eine neue Folge online stellt, dann warten viele Hörer schon sehnsüchtig und drücken fleißig auf den *Reload*-Knopf auf ihrer Tastatur. Vorfreude ist nun mal die schönste Freude!

Wann geht der Podcast online?

Praktisch ist eine Veröffentlichung pünktlich zum Wochenende, da dann die meisten Berufstätigen ihre neue Ration Podcasts vom Server abholen.

Jeden Tag 49 Minuten wie Adam Curry. Das wäre toll! Aber Vorsicht: Curry ist ein Profi, noch dazu einer, der keine finanziellen Sorgen hat. Natürlich ist es in den ersten Tagen oder Wochen spannend, nach einem anstrengenden Arbeitstag noch ein bisschen am Mikro zu sitzen, um einen Podcast aufzunehmen. Früher oder später wird dies aber den meisten Anfängern zu viel – vor allem weil am Anfang noch kein Feedback von Hörern kommt, man sich allein fühlt und durch die mangelnde Routine beim Aufzeichnen ewig braucht, bis eine Folge mal online ist. Kein Wunder also, dass es so viele ambitionierte und interessante Podcasts gibt, die zu Karteileichen geworden sind. Also: Lieber mal klein anfangen! Wenn es klappt und Spaß macht und genug Zeit bleibt, kann man immer noch mehrere Shows daraus machen oder die Episoden länger werden lassen.

Authentizität

Wer Schauspieler sehen will, geht ins Kino. Wer aufgedrehte Morgenmoderatoren hören will, schaltet das Radio ein. Was bleibt also fürs Podcasting? Ganz einfach: Authentizität. Klar kann man in einem Comedy-Podcast mal eine Rolle spielen, aber ansonsten lieber natürlich und sympathisch sein. Da darf man ruhig mal die schlechte Laune raushören oder den Schnupfen. Zu dieser Authentizität gehört natürlich auch, dass man sich selbst treu ist. Wer an einem Tag über Autofahrer schimpft und sich als passionierter Radfahrer und Umweltschützer outet und am nächsten Tag stolz über seine neue Riesenkarre berichtet, der macht sich unglaubwürdig. Die Hörer wollen und sollen Vertrauen fassen zu ihrem Lieblingspodcaster. Sie sollen wissen – wenn er etwas toll findet, dann findet er es toll, weil er es selbst ausprobiert hat und es ihn begeistert. Falls dann doch mal ein Werber angebissen hat – einfach offen im Podcast drüber sprechen! Geheimniskrämerei muss nicht sein – honoriert wird von den Hörern Ehrlichkeit und Vertrauen.

Wer Podcasts mit Kopfhörern hört, dem kriecht die gewohnte Stimme ganz vorsichtig direkt ins Ohr. Also ist es auch schön, wenn der Hörer sich persönlich angesprochen fühlt. Die meisten privaten Podcaster duzen ihre Hörer und verwenden eine sehr einfache Sprache, eben die normale Umgangssprache. Gestelzte Redewendungen oder zu viele angeberisch verwendete Fremdwörter werden Hörer vergraulen – genau wie ein derartiger Blender auf einer Party schnell allein dastehen würde. Zur direkten Ansprache gehören natürlich auch Aufforderungen. „Schreibt mir eine E-Mail", oder „Schreibt einen Kommentar" sind Sätze, die man fast in jedem Podcast hört. Auch wenn diese Funktionen eigentlich selbstverständlich sein sollten, schnellen Mails und Kommentare in die Höhe, wenn man direkt darum bittet.

Intro

Podcasts hören

Podcaster im
Porträt

Podcasts
produzieren

Goldene Regeln

Eigenwerbung

Geld verdienen

Outro

Interaktivität

Wer seinem Lieblingsmoderator im Radio oder Fernsehen eine Mail schreibt, der bekommt meist eine höfliche Massenmail vom Hörerservice zurück, in der man sich für das Interesse bedankt. Podcasting ist auch in dieser Hinsicht anders. Podcaster sind erreichbar, sie verschanzen sich nicht hinter Fanclubs, Pressesprechern oder anderen Angestellten. Wer dem „Podgott" Adam Curry eine interessante Mail schreibt kann sicher sein, dass er sie in einer seiner nächsten Sendungen erwähnt – auch wenn er mit Nachrichten von Hörern überflutet wird.

Interaktivität ist wichtig, wenn es um erfolgreiche Podcasts geht. Dazu gehört beispielsweise eine Kommentarfunktion auf der Internetseite. Durch diese in den meisten Blogsystemen ohnehin schon eingebaute Funktion (auch bei PodHost und LibSyn) kann man zu jeder einzelnen Folge einen Kommentar hinterlassen. So ergeben sich bei manchen kontroversen Themen interessante Debatten unter den Hörern – oder auch oft nützliche zusätzliche Hinweise.

Besonders beliebt bei Podcastern sind auch MP3-Kommentare. Wer ein eigenes Mikrofon zu Hause hat, kann eine kurze (30 bis 60 Sekunden lange) Nachricht einsprechen und diese dann an den Podcaster schicken. Kleinere Podcaster freuen sich über derartige Anhänge sicher, größeren wie Adam Curry sprengen sie das E-Mail-Postfach. Hier bietet es sich an, wenn möglich den MP3-Kommentar auf einen Server zu legen und ihm nur den Link mit der Information zu schicken, wo er sich die Datei herunterladen kann.

Natürlich sind auch E-Mails ein wichtiges Kommunikationsmittel zwischen Podcaster und Podcast-Hörer. Hier gibt es Feedback und konstruktive Kritik und oft auch weitere Themenvorschläge. Wer an Podcaster schreibt, die besonders beliebt sind, sollte sich vor allem Mühe geben bei der Betreffzeile. An diesen paar Worten sollte erkennbar sein, worum es in der Mail eigentlich geht. Wer sich als Podcaster eine Mailadresse einrichtet, sollte darauf achten, dass diese leicht verständlich ist – schließlich soll man sie auch verstehen, wenn sie im Podcast erwähnt wird, ohne dass sie jedes Mal buchstabiert werden muss.

© Rainer Birkenmaier

Etabliert haben sich auch die Anrufbeantworter im Internet – man ruft unter einer normalen Telefonnummer an, hinterlässt seine Nachricht, und diese Sounddatei wird dann an den Empfänger per E-Mail verschickt oder direkt abhörbar gemacht. Verbreitet sind hier der Skype-Anrufbeantworter (kostenpflichtig) und in Deutschland der Dienst von *web.de* (kostenfrei).

Bei „Schlaflos in München" haben sich fast von alleine bestimmte Interaktionen im Lauf der Zeit ergeben. So hat mal ein Hörer ein Foto eingeschickt, auf dem er seinen iPod auf Reisen vor eine Sehenswürdigkeit hielt. Derartige Bilder gibt es im Internet zuhauf – aber bei diesem war auf dem Display ganz deutlich „Schlaflos in München" zu sehen. Diesem Beispiel folgten viele Hörer, schickten Bilder aus Indien, Südafrika, Australien oder Amerika – und sogar von der chinesischen Mauer.

Intro

Podcasts hören

Podcaster im
Porträt

Podcasts
produzieren

Goldene Regeln

Eigenwerbung

Geld verdienen

Outro

Die zweite Welle trat auch ein Hörer los, als er ein neues Intro für „Schlaflos in München" bastelte: Seither ist fast jede Folge mit einem neuen Intro gespickt, bei dem die Hörer sich kurz vorstellen und dann die neue Episode des Podcasts ankündigen. Der Kreativität sind hier keine Grenzen gesetzt – und einige Hörer benutzen diese Intros auch zur Eigenwerbung.

Natürlich werden auch gemeinsame Aktionen gerne angenommen, beispielsweise hat Holger vom MacManiacs-Podcast in Österreich mit anderen Podcastern zusammen ein Märchen eingesprochen und veröffentlicht, Peter vom Lemotox-Podcast hat eine Parodie auf den „Du bist Deutschland"-Spot produziert und ich habe im März 2006 einen Wettbewerb ins Leben gerufen, bei dem ein Podcast-Hörer-Erkennungszeichen gesucht wurde. 94 verschiedene Möglichkeiten wurden von den Hörern eingeschickt, manche eher kindlich gezeichnet, andere perfekt ausgearbeitet. Aus diesen 94 Motiven wurden die zehn besten durch eine Umfrage ausgewählt. Aus diesen Top Ten wurde dann durch über 3.000 Hörer das Gewinnerlogo

Das Gewinnerlogo wurde von 3.000 Hörern zum Podcast-Erkennungszeichen gewählt.

ausgesucht, erstellt übrigens von Peter Marquardt vom Lemotox-Podcast. Das Logo lässt sich kostenlos von der Website *www.podcastlogo.com* herunterladen.

Kostenlos gibt es im Internet auch die Möglichkeit, kleine Umfragen unter den Hörern zu starten. Wer also im Podcast beispielsweise nach dem Lieblingsfilm der Hörer fragt, der bekommt auf der eigenen Internetseite ein eindeutiges Ergebnis geliefert. Dienste dafür gibt es viele, Schlagwort für die Suche ist „free online poll". Aber Vorsicht: Die meisten dieser Dienste lassen nur bis zu zehn Antworten zu. Wer eine größere Umfrage machen möchte (wie beispielsweise die zum Podcast-Logo), dem sei Sparklit empfohlen (*http://webpoll.sparklit.com*).

Auf fast jeder Podcast-Internetseite findet man mittlerweile auch eine so genannte Frappr!-Map (*http://www.frappr.com*). Frappr steht für „Friend Mapper", weil die drei amerikanischen Erfinder dieses Dienstes einfach nur sehen wollten, wo ihre Schulkameraden nach dem Schulabschluss gelandet waren. Mittlerweile kann sich jeder ein Konto einrichten. Hinter dem Link verbirgt sich eine Weltkarte – und die Hörer können sich punktgenau dort eintragen, wo sie leben. Dazu können sie ein Foto stellen, eine Internetadresse angeben und sich mit einem kleinen Satz verewigen, so wie in einem Gästebuch. Schön ist es natürlich anhand dieser Karte zu sehen, dass man auf der ganzen Welt gehört wird!

Frappr!-Map zu „Schlaflos in München"

Intro

Podcasts hören

Podcaster im
Porträt

Podcasts
produzieren

Goldene Regeln

Eigenwerbung

Geld verdienen

Outro

Wiedererkennungseffekte

Ein alter Spruch, der aber nach wie vor gültig ist: Der Mensch ist ein Gewohnheitstier. Er freut sich, wenn er etwas wiedererkennt. Dann fühlt er sich gut aufgehoben. Genau das gilt auch für Podcasts. Hier kann man mit verschiedenen Elementen spielen, um ein eigenes Gefühl für diesen Podcast zu entwickeln. Das kann beispielsweise eine spezielle Musik sein, die in jeder Folge kurz angespielt wird. Es können aber auch besondere Floskeln sein oder eine Begrüßungsformel. Alex Wunschel wirft gerne in seinem „Blick über den Tellerrand"-Podcast (*http://www.markendreiklang.de*) mit Floskeln um sich. Er begrüßt die „Freunde der fröhlichen Marktbearbeitung", sendet „live to your hard-drive" und hat sogar eine Wortneuschöpfung eingeführt: Schwapodding (Münchner Stadtteil Schwabing und iPod). Derartige Erfindungen oder Floskeln machen einen Podcast unverwechselbar und geben ihm eine persönliche Note – wenn man es nicht übertreibt.

 Bei „Schlaflos in München" beginnt jede Folge gleich: Mit einem zehn Sekunden langen Musikstück der amerikanischen Band „The Rantings of EVA", gefolgt von einem Intro, das ein Hörer spricht, und dann von meiner Begrüßung „Hallo Ihr Lieben". Dahinter steckt kein ausgeklügelter Fang-Mechanismus für neue Hörer, sondern einfach ein Beginn, der sich mit der Zeit so entwickelt hat und zum Erkennungszeichen geworden ist. Es gab sogar Entrüstung, als ich nach 100 Folgen eine neue Melodie an den Anfang setzen wollte – also blieb ich dabei.

Hörer freuen sich auch darüber, wenn die Podcasts immer nach dem gleichen Strickmuster aufgebaut sind. The Word Nerds? Da weiß man, was man hat. Erst kommt die Begrüßung, dann das Thema der Folge, dann ein Musikstück, dann folgt das Schimpfwort der Woche, wieder Musik, Talk und der Abspann. Natürlich kann man von so einem Ablauf auch abweichen, aber er erleichtert auch die Planung.

Natürlich freut sich auch das Auge, wenn es etwas wiedererkennt. iTunes gibt die Möglichkeit, Logos in den eigenen Podcast einzubauen. Das Erkennungszeichen sollte man quadratisch anlegen und in einer Größe von 300x300 Pixeln sowohl in die iTunes-Metatags als auch bei jeder einzelnen Folge in die ID3-Tags einbauen.

Nerven bewahren

Im Internet fühlen sich viele Menschen vogelfrei. Da lassen sie gerne mal ihre schlechte Laune an anderen aus, die sie nicht kennen – und gerade Podcaster sind da eine schöne Angriffsfläche. Immerhin geben sie oft viel von sich preis, man hat also eine Stimme, auf die man sich „einschießen" kann. So wird dann auch munter drauflos gewettert in einschlägigen Foren, da wird von Kommerzialisierung gefaselt und nicht selten auch der Podcaster persönlich angegriffen. Das tut am Anfang weh – schließlich nimmt man derartige Attacken durchaus für bare Münze. Aber genau das ist falsch. Schließlich weiß niemand, aus welchen Beweggründen da jemand gerade wettert. Per E-Mail oder gar persönlich wird sich niemand von ihnen trauen, ähnliche Beschimpfungen abzusondern – das geht nur im Schutz der Anonymität des Internets. Daher: Beleidigende Kommentare ignorieren oder erst gar nicht mehr lesen, denn das verdirbt die Laune. Lieber auf die konstruktive Kritik anderer Podcaster bauen, mit denen man eine Verbindung aufgebaut hat.

 Bei manchen Schimpftiraden kann man wirklich die Lust auf das Podcasting verlieren. Ich stand nach einem halben Jahr „Schlaflos in München" kurz davor, angesichts der teilweise sehr persönlichen Kommentare frustriert aufzuhören – bis ich zwei Dinge gemacht habe: Ich habe öffentlich gemacht, dass mich derart persönliche Attacken verletzen, und ich mache um bestimmte unmoderierte Foren einen großen Bogen. Interessant waren übrigens Kommentare wie „Ich habe alle 187 Folgen gehört, und sie sind alle total doof". Tja – da hat mir dennoch jemand fast zehn Stunden seiner Lebenszeit geschenkt.

Böse Kommentare werden im Normalfall auch kommen, wenn mal etwas verändert wird. Da ist plötzlich eine andere Musik zu hören, das Mikro klingt anders oder die Homepage hat sich verändert? Da setzt sich das Gewohnheitstier Mensch erstmal auf die Hinterbeine und rebelliert. Die Erfahrung hat gezeigt: Hörer brauchen verständlicherweise immer einige Zeit, bis sie sich an Veränderungen gewöhnen. Dennoch sollte man sich davon nicht von Experimenten abbringen lassen und selbst entscheiden, was funktioniert und was nicht. Nach ein bis zwei Wochen legt sich der Sturm im Wasserglas wieder.

Intro

Podcasts hören

Podcaster im
Porträt

Podcasts
produzieren

Goldene Regeln

Eigenwerbung

Geld verdienen

Outro

70

Gute Organisation

Es gibt noch keinen Standard, keine Regeln dafür, wie man seine Podcasts benennen soll. Eines ist aber klar: Man sollte zumindest beim eigenen Podcast auf Einheitlichkeit setzen, also jede Folge nach dem gleichen Muster benennen.

Bei vielen Podcastern hat es sich so ergeben, dass die Titel mit einer Zahl, also der Episodenfolge, beginnen. Danach folgt dann der Podcast-Titel ausgeschrieben

Titelname

- ☑ #351 Daily Source Code for Friday March 10th 2006
- ☑ Eike Steffen erfindet Flüster PC
- ☑ Podcastschau 21
- ☑ #252 - Podcastmärchen: Der Bärenhäuter
- ☑ KiPo033 Zweimal Kulturschock
- ☑ NPR: Most E-Mailed Stories for Friday, 10 Mar 2006
- ☑ Folge 191
- ☑ SiM #250: Der Showpraktikant feiert Einstand!

Episoden sollten einheitlich benannt sein.

oder als Kürzel. So ist KiPo033 beispielsweise die 33. Folge von „Kilians Podkost" und SiM #250 die 250. Folge von „Schlaflos in München". Schwieriger wird es, wer nur „Folge 191" in den Titel schreibt – auf den meisten Playern wird aber darunter der Interpret angezeigt, und so ist das Rätsel auch wieder schnell gelöst.

Wenn der eigene Podcast also schon fertig als MP3 auf dem Rechner liegt, bleibt noch ein Schritt vor dem Upload: Die Beschriftung der ID3-Tags. Dafür gibt es verschiedene Möglichkeiten, sehr einfach geht es aber in iTunes. Zunächst einmal muss der Podcast in iTunes landen (Strg+O und dann Datei auswählen). Anschließend wird diese Datei in iTunes gesucht und durch einen einfachen Klick markiert. Durch Strg+I landet man in den ID3-Tags dieser Datei.

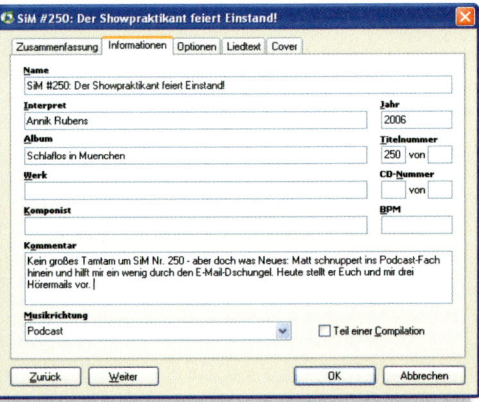

ID3-Tags in iTunes pflegen

Zu diesen ID3-Tags gehört natürlich der oben genannte Titel. Aber auch, dass im Feld *Album* der Podcast-Name verzeichnet wird und im Feld *Interpret* der eigene Name auftaucht. Als *Musikrichtung* muss natürlich „Podcast" ausgewählt werden, damit die Folge auch bei jenen Hörern auftaucht, die gezielt durch eine intelligente Wiedergabeliste nach diesem Genre suchen lassen. Wer möchte, kann noch Jahr und Titelnummer (=Episode) eintragen, doch das sind Fleißaufgaben. Dienste wie PodHost oder LibSyn übernehmen ohnehin einen Großteil die-

ser Eintragungen. Wer aber seinen Podcast allein auf die Beine stellt, der sollte hier auch eine kurze Beschreibung zur Folge eingeben und eine Mailadresse.

Weil das Auge ja bekanntlich mitisst – und offenbar auch mithört – ist ein ansprechendes Logo wichtig. Dieses sollte möglichst quadratisch sein und 300x300 Pixel groß. So wird es dann in iTunes im ID3-Tag unter dem Reiter *Cover* eingefügt und mit hochgeladen.

ID3-Tag mit Logo erstellen

Unbedingt erst die ID3-Tags bearbeiten, dann die Datei hochladen – sonst kommen die Infos nicht beim Hörer an!

Intro

Podcasts hören

Podcaster im
Porträt

Podcasts
produzieren

Goldene Regeln

Eigenwerbung

Geld verdienen

Outro

Die rechtliche Seite

Podcaster sind Raubkopierer! Warum all die Aufregung? Ganz einfach: Hört man ein Lied im Radio, so ist es nach ein paar Minuten vorbei. Hört man ein Lied in einem Podcast, so hat man es auf seiner Festplatte liegen und kann es wieder und wieder hören. Somit fällt Podcasting weniger unter das Senderecht, als unter die Verbreitung von Inhalten – und das ist den Plattenfirmen ein Dorn im Auge. An einer Einigung mit der GEMA wird gearbeitet, den neuesten Stand kann man in der Podcast-Wiki abfragen (*http://wiki.podcast. de/GEMA*).

Übrigens: Es geht hier nicht nur um ganze Lieder, die gespielt werden. Dass die ersten acht oder zehn Sekunden kostenlos gespielt werden können, ist ein Ammenmärchen. Sobald ein Titel erkennbar ist, macht man sich eigentlich strafbar. Also, solange es keine Einigung gibt, lieber Finger ganz weglassen von Bands, die bei der GEMA verzeichnet sind. Ob die Band ihre Rechte von der GEMA wahrnehmen lässt, kann man durch eine Suchmaske bei der GEMA direkt erfragen (*http://www.gema.de/repertoiresuche/*).

Was macht die GEMA?

Podcaster schimpfen gerne auf die GEMA. Dennoch sollte man nicht vergessen, dass hinter dieser „Gesellschaft für musikalische Aufführungs- und mechanische Vervielfältigungsrechte" eine wichtige Institution steckt, die es seit gut 100 Jahren gibt. Als staatlich anerkannte Treuhänderin verwaltet die GEMA Nutzungsrechte der Musikschaffenden und sorgt also dafür, dass Musiker, die etwas komponiert, getextet oder präsentiert haben, auch Geld dafür bekommen. Wenn also eine Band ein Lied spielt, das sie nicht selbst geschrieben hat, dann soll natürlich der eigentliche Urheber etwas dafür bekommen. Gewinne macht die GEMA selbst dabei nicht, denn die Einnahmen werden an die Urheber ausgeschüttet.

Vorsicht vor Musik

Um auf der sicheren Seite zu sein, was die Musik angeht, gibt es in der Podcast-Welt eigene Musiknetzwerke. Hier laden Musiker ihre Songs hoch, die bei keiner Verwertungsgesellschaft angemeldet wurden oder die dennoch genutzt werden dürfen. Die beiden größten und bekanntesten Netzwerke sind Garageband (*http://www.garageband.com*) und das Podsafe Music Network der PodShow (*http://music.podshow.com*).

Das Podsafe Music Network

Bei Garageband (hat nichts mit der gleichnamigen Apple-Software zu tun) geben die Künstler selbst an, für welche Nutzung sie ihre Stücke freigeben. Beim Podsafe-Music-Network kann man davon ausgehen, dass alle verzeichneten Musiker „podsafe" sind, also in Podcasts gespielt werden dürfen. Allerdings gibt es einige Regeln, die man dennoch beachten sollte: Zum einen muss beim Abspielen der Lieder dazugesagt werden, dass man das Lied vom Network bezogen hat, zum anderen muss man sich dort einen Account zulegen und genau festhalten, was man wann gespielt hat. Diese Informationen werden automatisch dem jeweiligen Künstler übermittelt, damit dieser also einen Überblick darüber hat, wo seine Musik zu hören war. Macht ein bisschen Arbeit, ist aber durchaus fair für beide Seiten.

Intro

Podcasts hören

Podcaster im
Porträt

Podcasts
produzieren

Goldene Regeln

Eigenwerbung

Geld verdienen

Outro

Wer ein Musikstück verändern oder kürzen möchte, um es beispielsweise als Intro zu verwenden, der sollte höflich bei der Band anfragen, ob sie dies gestattet.

 Bei „Schlaflos in München" habe ich gleich am Anfang die Band „The Rantings of EVA" angeschrieben, weil mir ihr Song „Infrared" gut gefiel. Schnell und unkompliziert kam eine Mail zurück mit der Erlaubnis, den Song als Intro zu verwenden.

Die Rechte anderer

Das Urheberrecht hört bei der Musik noch lange nicht auf. Genausowenig darf man beispielsweise aus einem aktuellen Bestseller eine Lesung machen und sozusagen ein eigenes Hörbuch als Podcast erstellen – wenn das natürlich auch sehr reizvoll wäre. Es geht hier immer um das geistige Eigentum anderer, das man nicht verletzen darf. Vorsicht also vor Texten, Musik oder Grafiken und Fotos, die man nicht selbst gemacht hat!

Wer gerne Telefoninterviews aufzeichnen möchte oder mit kleinen versteckten Mikros draußen unterwegs ist und Leute befragt, muss unbedingt seine Gesprächspartner aufklären, dass sie gerade aufgezeichnet werden.

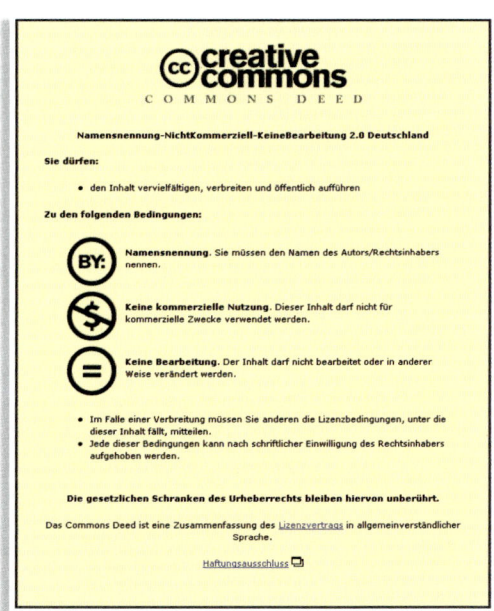

Die Creative Commons-Lizenz in Kurzform

Bei diesen beiden Punkten reicht es eigentlich aus sich zu überlegen, ob man selbst in einer solchen Lage sein möchte. Möchte man, dass ein selbst geschriebener Text auf einer anderen Internetseite auftaucht unter einem falschen Namen? Möchte man, dass die Schimpftirade aus der Kantine plötzlich im Intranet auftaucht? Nein. Und was man nicht will, das man dir tut, das füge keinem andren zu.

Eine Sonderstellung hat die Creative Commons-Lizenz (*http://creativecommons.org*). Hier kann man seine eigenen Werke eingeschränkt oder komplett frei zur Nutzung durch andere freigeben. Man kann beispielsweise nur die kommerzielle Nutzung verbieten, es aber anderen Podcastern erlauben, Auszüge aus den Episoden zu spielen.

Natürlich hat Podcasting auch etwas mit gesundem Menschenverstand zu tun. Deshalb sollte man vorsichtig sein, wenn es um Beleidigungen oder Verleumdungen geht oder um das Ausplaudern von Firmengeheimnissen. Deswegen haben einige amerikanische Podcaster schon ihre Jobs verloren, und die Podcast-Welt sollte nicht zu einer Schimpftirade verkommen.

Curry vs. Creative Commons

Ganz niet- und nagelfest ist diese Lizenz jedoch nicht. Erst im März 2006 war Adam Curry wegen einer Creative-Commons-Sache vor Gericht. Ein holländisches Boulevardmagazin hatte sich selbst bei Currys Fotos bedient, die unter einer Creative-Commons-Lizenz im Internet zu sehen waren. Sie zeigten Curry im Urlaub mit seiner Familie – die kommerzielle Nutzung der Fotos hatte er untersagt. Das Magazin wurde vor Gericht ermahnt, derartige nicht-erlaubte Veröffentlichungen in Zukunft zu unterlassen – sonst habe es rund 1.000 Euro pro Foto an Curry zu zahlen.

Intro

Podcasts hören

Podcaster im
Porträt

Podcasts
produzieren

Goldene Regeln

Eigenwerbung

Geld verdienen

Outro

Impressumspflicht

Wer eine Internetseite als Begleitinformation zum Podcast aufbaut, der muss natürlich auch in diesem Fall ein Impressum gut sichtbar hinzufügen. Gerade weiblichen Podcastern ist dies unangenehm – immerhin muss im Impressum eine gültige Adresse stehen. Möglichkeiten, dies zu umgehen, gibt es viele. Die einfachste ist, einen Freund oder Verwandten mit der Erstellung der Internetseite zu betrauen, der dann als Urheber der Seite auch im Impressum steht.

Steuer

Ein Automobilkonzern will Werbung auf der Seite schalten? Die Google- und Amazon-Links werfen Geld ab? Wunderbar! Aber: Davon will natürlich das Finanzamt auch etwas haben. Wer mit seinem Hobby Geld verdient, sollte sich also schleunigst schlau machen, ob er das überhaupt darf und wie er damit umgehen soll.

Intro

Podcasts hören

Podcaster im
Porträt

Podcasts
produzieren

Goldene Regeln

Eigenwerbung

Geld verdienen

Outro

Die eigene Homepage

Wie war noch einmal die in der neuesten Folge erwähnte Telefonnummer? Wer steckt eigentlich hinter dem Podcast? Gibt es vielleicht sogar ein Foto von dem Auto, über das ständig im Podcast gesprochen wird? Und welches Mikro verwendet mein Lieblingspodcaster? Fragen über Fragen – wenn man regelmäßig eine Stimme hört, wird man zwangsläufig neugierig und bekommt Lust auf mehr.

Wer einen Podcast hat, muss zwar nicht unbedingt auch eine Homepage haben. Allerdings bietet ein Internetauftritt den Hörern die Möglichkeit, viele zusätzliche Informationen zu erhalten. Es gibt verschiedene Möglichkeiten, wie man an eine eigene Homepage kommt: Ein Blogsystem ist für Podcasts sehr geeignet und wird von vielen Dienstleistern kostenlos angeboten (z.B. bei *www.podhost.de* und *www.libsyn.org*).

Wichtige Informationen für die Homepage sind unter anderem Details der einzelnen Folgen, so genannte Shownotes, eine Kontaktmöglichkeit und natürlich der Link auf den RSS-Feed.

Um einen Überblick zu bekommen, wie viele Besucher sich auf der Internetseite tummeln, kann man einen kostenlosen (und bei Bedarf auch unsichtbaren) Zähler auf der Seite integrieren, der dann verlässliche Infos über die Besucherzahl, deren Herkunft und deren Verweildauer ausspuckt (*http://www.statcounter.com/*).

Was sind Shownotes?

Shownotes sind zusätzliche Informationen zu einzelnen Podcast-Folgen (mit erwähnten Links und Ähnlichem). Hier können Hörer etwas nachlesen. Bei längeren Episoden bietet es sich an, eine kurze chronologische Inhaltsangabe zu geben, also sekundengenau einen Ablauf der Sendung in Stichworten aufzuschreiben. Wer zu faul ist, seine eigenen Shownotes zu schreiben (wie Adam Curry), der kann auch die Hörer in einer Wiki diese Arbeit vorbildlich und bis ins kleinste Detail korrekt erledigen lassen (*http://shownotes.info/wiki/Category:Daily_Source_Code_Shownotes*). Vorausgesetzt natürlich, man hat genügend aktive Hörer!

Promos

Wo kann man Podcast-Hörer am besten auf einen neuen Podcast aufmerksam machen? Ganz klar: in anderen Podcasts! Das Zauberwort heißt hier Promo. Ein Promo ist eine kurze Eigenwerbung. Sie sollte nicht länger als eine Minute sein und möglichst neugierig machen auf das, was man im Podcast zu bieten hat. Dieses Promo kann man dann auf die eigene Homepage stellen, oder es an andere Podcaster schicken, die eine ähnliche Zuhörerschaft haben.

Da amerikanische Podcaster ein Vielfaches an Hörern haben als deutsche Podcaster, empfiehlt es sich, auch ein Promo auf Englisch zu machen und es auf *http://podcast-promos.com* bereitzustellen. Hier verpflichtet man sich im Gegenzug, ein anderes Promo im eigenen Podcast zu spielen. Eine zweite Möglichkeit ist *http://promos.podshow.com/* – hier bedient sich unter anderem auch Adam Curry – wenn das Promo gut ist.

Verfügbare Promos auf podshow.com

Intro

Podcasts hören

Podcaster im
Porträt

Podcasts
produzieren

Goldene Regeln

Eigenwerbung

Geld verdienen

Outro

Gastauftritte und Networking

Promos sind nicht die einzige Möglichkeit, die Werbetrommel für sich selbst zu rühren. Es lohnt sich auch, sich in eingängige Foren einzutragen und sich dort einfach kurz vorzustellen, beispielsweise auf *www.podster.de*. Ansonsten freuen sich viele Podcaster über so genannte Intros – kurze Sprachaufnahmen à la „Hallo, hier ist Annik von Schlaflos in München und Ihr hört …" Man kann anderen Podcastern natürlich auch MP3-Kommentare schicken, immer mit dem Hinweis, wer man ist und welchen Podcast man selbst produziert.

Um den Kontakt zu anderen Podcastern zu finden, die einem dann mit Rat und Tat zur Seite stehen können, kann es sich lohnen, beim Podcastclub (*http://www.podcastclub.de/*) und Podcastverband (*http://www.podcastverband.de/*) Mitglied zu werden. Zudem gibt es eine Mailingliste für den Erfahrungsaustausch (*http://www.podcast.de/mailingliste/*). Das amerikanische Pendant (*http://groups.yahoo.com/group/podcasters/*) braucht Geduld, da hier teilweise 20 Mails pro Tag hereingeflattert kommen.

Wikipedia nur für Podcasts

Man sollte auf dem Laufenden bleiben, was in der Szene so los ist – immerhin tut sich ständig etwas in diesem neuen Bereich, zum Beispiel was die rechtliche Situation angeht. Infos gibt es in Podcasts, die sich nur mit dem Podcasting beschäftigen, wie dem Daily Source Code oder der PodCheck Review (*http://www.podcheck.com*), immer aktuell ist auch die Podcast-Wiki (*http://wiki.podcast.de/Hauptseite*).

Kommentare nicht zu ernst nehmen

Im Internet herrscht Narrenfreiheit. Eigentlich ist das schön, denn wer will beim Podcasting schon einen Maulkorb angelegt bekommen. Allerdings führt die Anonymität im Internet auch dazu, dass viele Surfer ihre Aggressionen aus dem Alltag hier abladen. Da ist ein neuer Podcaster ein gefundenes Fressen – böse Kommentare sind in Internetforen keine Seltenheit. Ganz ehrlich: Verrisse gehen an die Nieren, wenn man nicht vor Selbstbewusstsein strotzt. Ernst nehmen sollte man nur konstruktive Kritik, alles andere am besten ignorieren. Eine Lehre kann man aus derartigen Kommentaren allerdings ziehen: Bevor man andere Podcasts kommentiert, sollte man sich gut überlegen, was man mit wenigen leichtfertig geschriebenen Worten anrichten kann. Bei Kritik bietet sich eine direkte Mail an den Podcaster an – dann ist diese nicht für alle Zeiten in einem Forum zementiert und erreicht direkt denjenigen, der dann vielleicht eine Anregung annehmen kann.

86) **Merkwürdig...** ... dass soviele meckern aber anscheinend jede Folge auswendig können ;-) Annik, lass dich nicht unterkriegen!

von Birdie am 06.09.05, 17:22

Nettes Feedback auf bissige Kommentare

Intro

Podcasts hören

Podcaster im
Porträt

Podcasts
produzieren

Goldene Regeln

Eigenwerbung

Geld verdienen

Outro

Podcast-Wettbewerbe

Je bekannter das Podcast-Phänomen wird, desto mehr Preise gibt es auch bei Wettbewerben abzustauben. Dies sind zwar oft Sachpreise, da es sich aber meist um durchaus nützliches Tonaufnahme-Equipment oder Software handelt, kann man diese Preise durchaus für bare Münze nehmen.

2005 wurde zum ersten Mal der amerikanische Podcast-Award (*http://www.podcastawards.com/*) verliehen und zwar in Ontario, Kalifornien. In 20 Kategorien konnten Vorschläge abgegeben werden, anschließend bewertete sowohl eine Jury als auch das Publikum, wer zu den Siegern zählte. Vom Publikum wurde „This Week in Tech" zum besten Podcast gewählt, am besten produziert befand die Jury den „Daily Source Code" von Adam Curry, unter den Podcasts mit erwachsenen Inhalten machten „Dawn and Drew" das Rennen und im Bereich Religion der „Catholic Insider" von Father Roderick. „Schlaflos in München" wurde in der Kategorie bester nicht-englischsprachiger Podcast zum Gewinner gekürt, der Preis war eine Podcast-Software. Ab 1. Juli 2006 kann wieder nominiert werden, im Winter findet dann die zweite Verleihung statt.

Natürlich gibt es auch ein deutsches Pendant zu diesem Preis, und zwar den Deutschen Podcast Award. Er wurde im April 2006 zum ersten Mal von der Jury des Podcast-Clubs in München verliehen. Ausgezeichnet wurden Rickie und Tina von den „Chicks on Tour", Wolfgang Tischer erhielt einen Preis für das „Literatur-Café", Markus Kaes für seine selbstkomponierte Musik im Podcast „Chillerstadt" und Alex Wunschel für die Podcastumfrage. Außerdem wurde ein Ehrenpreis „für besondere Verdienste um die Podcast-Szene" verliehen, der an mich ging. Näheres zur nächsten Ausschreibung unter *http://www.podcastaward.de*.

Interviews geben

Dass der Spiegel vielleicht nicht gleich anklopft oder die Frankfurter Allgemeine Zeitung, das muss man verschmerzen. Aber die Lokalzeitung könnte durchaus Interesse haben, über einen Podcaster in ihrer Mitte zu berichten! Warum also nicht mal nachfragen?

Bei Interviews gilt: Möglichst kurze und präzise Antworten geben, nicht ins Schwafeln verfallen. Wer zu lang redet, muss damit rechnen, dass seine Aussagen vom Autor oder Redakteur gekürzt werden – und im Extremfall dann sinnentstellt wirken.

Wer nervös ist, sollte sich vorher schon einmal überlegen, was er auf bestimmte Fragen sagen würde. Oder sogar mit einem guten Freund üben! Mit einer Standardfrage muss man jedenfalls immer rechnen: „Was ist Podcasting?" Rechnen muss man leider auch mit wenig vorbereiteten Fragenden, die beispielsweise gleich zu Beginn des Gesprächs entschuldigend mit den Schultern zucken und sagen: „Tut mir leid, ich habe noch nie einen Podcast gehört, weil ich keinen iPod habe". Hier schadet es niemandem, selbst das Ruder zu übernehmen und ein wenig Aufklärungsarbeit zu leisten.

 Ein Fernsehteam wollte, dass Timo Hetzel und ich unseren Podcast „Filme und so" aufnehmen. Ganz natürlich. Da ihnen das bloße „Herumsitzen und in Mikrofone sprechen" zu langweilig war, schlugen sie vor, uns mit Ansteckmikros zu versorgen und wir sollten also im Park spazieren gehen und dort unseren Podcast aufnehmen. Wir waren uns einig: Das machen wir nicht. Denn das ist nicht Podcasting. Natürlich kann man kreative Vorschläge von Journalisten oder Fotografen annehmen – aber man sollte sich dabei wohl fühlen und damit leben können.

Podcast-Verzeichnisse

Intro

Podcasts hören

Podcaster im
Porträt

Podcasts
produzieren

Goldene Regeln

Eigenwerbung

Geld verdienen

Outro

Wer eine Telefonnummer sucht, schaut ins Telefonbuch. Wer einen Podcast sucht – der schaut in eines der vielen Verzeichnisse, die mittlerweile im Internet aufgetaucht sind. Sortiert nach Alphabet, Genre oder Sprache kann man sich hier genau die Podcasts suchen, die einen interessieren. Um einen neuen Podcast bekannt zu machen, ist es unerlässlich, dass dieser in so vielen Verzeichnissen wie möglich erscheint. Wichtig ist, dass man den Inhalt seines Podcasts möglichst wahrheitsgetreu, knackig und interessant darstellt. Ein bloßes „Podcast von Annik Rubens" reicht als Beschreibung nicht. Ein „drei bis fünf tägliche Minuten, die Euch zum Schmunzeln bringen sollen" ist da schon präziser. Schließlich soll ein potenzieller Hörer ja neugierig werden und mal reinhören. Falls der auf der Suche nach einer seriösen Nachrichtensendung ist, wird er sich nicht zu „SiM" verirren – wenn er Lust auf ein wenig Unterhaltung hat, wahrscheinlich schon eher. Also: Wer sendet da, was wird gesendet und wie oft? All das gehört in die Beschreibung und somit in alle Verzeichnisse.

Eintrag in iTunes

iTunes hat sich innerhalb von wenigen Wochen zum Podcast-Verzeichnis Nummer eins gemausert. Über 25.000 Podcasts sind hier angeblich schon eingetragen worden. Bei iTunes muss man sich mit persönlichen Daten sowie Kontoinformationen anmelden, bevor man einen neuen Podcast einreichen kann. Wer kein iTunes-Konto hat, der kann auch Freunde oder Verwandte darum bitten. Dies ist zum Beispiel auch nötig für Podcaster, in deren Ländern es noch keinen iTunes Music Store gibt.

Eintrag in andere Verzeichnisse

Lange vor iTunes gab es schon andere Podcast-Verzeichnisse, die zwar mittlerweile nicht mehr so häufig besucht werden, dennoch aber durchaus ihre Daseinsberechtigung haben. Eintragen sollte man sich in möglichst viele derartige Verzeichnisse, vor allem aber in Deutschland auf *podster.de* und in Amerika in das *podcastalley.com*-Verzeichnis. Da es Dutzende von anderen Verzeichnissen gibt, vom *Podcastbunker* bis zum *podcast.net*, sollte man in einer Internetsuchmaschine die Begriffe „podcast directory" eingeben und sich durchklicken. Eine Aufzählung der Verzeichnisse gibt es auch im amerikanischen Podcast-Wiki (*http://www.castwiki.com/index.php/Directories*) oder auf der sehr nützlichen Seite *http://www.podcasting-tools.com* unter dem Link *Submit Podcast*.

Auf all diesen Seiten gibt es Formulare, die ausgefüllt werden müssen. Abgefragt werden hier der eigene Name und eine E-Mail-Adresse, sowie der RSS-Feed des neuen Podcasts und einige Informationen dazu. Damit man diese Infos nicht jedes Mal neu erfinden muss, bietet es sich an, die einmal formulierten Beschreibungen in ein Word-Dokument zu speichern und dann jeweils an der entsprechenden Stelle einzufügen.

Intro

Podcasts hören

Podcaster im
Porträt

Podcasts
produzieren

Goldene Regeln

Eigenwerbung

Geld verdienen

Outro

88

Finanzierungsmodelle

Es gibt durchaus schon Podcaster, die von ihrem Hobby leben können. Aber das sollte nicht der Hauptgrund sein, um damit anzufangen. Dennoch ist es verständlich, dass man für all die Zeit und Energie, die man in die Unterhaltung anderer Menschen steckt, gerne eine kleine finanzielle Entschädigung hätte. Modelle gibt es viele – der Fantasie sind keine Grenzen gesetzt. So hat beispielsweise Scott Fletcher, der eine kleine, aber sehr feine Sendung über die Podcast-Welt produziert, für zehn Dollar pro Folge seiner „PodCheck Review" (*http://www.podcheck. com*) ein paar Werbesätze eines Klein-Sponsors vorgelesen. Besser als nichts!

Das dachte sich wohl auch Michael Butler von der „Rock and Roll Geek Show": Er bettelte online um Freibier der Brauerei Heineken. Ohne Erfolg. Mittlerweile ist er Mitglied der PodShow und wirbt für AOL und Hasbro Spielzeug – und hat nach 20 Jahren seinen Beruf als Anstreicher an den Nagel gehängt.

GrapeRadio, ein Podcast für Weinkenner, sahnte schon 1.000 Dollar pro Folge ab, obwohl der Spartenkanal gerade mal 6.000 Hörer hatte – für amerikanische Verhältnisse ein Klacks. Das Geld wurde flugs investiert – in ein Studio für 20.000 Dollar. Mit der verbesserten Qualität will man nun 50.000 Hörer anlocken.

Und schließlich „This Week in Tech" (*http://www.thisweekintech.com/*), einer der größten und bekanntesten Podcasts – hier wird ein freiwilliges Abo-Modell angeboten. Wer den Podcast mag, der soll laut dem Aufruf auf der Internetseite zwei Dollar pro Monat dafür bezahlen.

Das Abo-Modell von thisweekintech.com

Affiliates

Die gängigste Möglichkeit, mit einer Internetseite ein bisschen Geld zu verdienen, sind so genannte *Affiliates*. Man lotst durch kleine Anzeigen die Besucher weiter auf eine andere Seite und bekommt Geld dafür.

Google AdSense

Weit verbreitet sind die kleinen Anzeigen von Google. Man kann sich zwar das Format aussuchen und auch die Farbigkeit der Anzeigen dem eigenen Layout anpassen, aber auf den Inhalt hat man wenig Einfluss. Wenn man also auf der Internetseite etwas schreibt wie „Ich finde Diäten doof", dann kann man sicher sein, in den nächsten Wochen Anzeigen wie „Abnehmen leicht gemacht!" oder Ähnliches auf der Seite zu finden.

 Während der Arbeit an diesem Buch habe ich den Fortschritt ebenfalls auf meiner Internetseite dokumentiert. Prompt tauchten Anzeigen auf wie „Sie wollen ein Buch schreiben? Wir zeigen Ihnen, wie's geht!" oder „Wir verlegen alles!".

Nervig wird es, wenn im Juni Weihnachtsanzeigen auftauchen oder die Anzeigen zu esoterisch oder gar halblegal klingen. Einzelne Werber kann man allerdings sperren lassen. Anzeigen wie die von Google lohnen sich nur, wenn wirklich viele Besucher auf die Seite kommen, also mindestens rund 1.000 täglich. Man verdient nur dann, wenn auf die Anzeigen geklickt wird – und die Erträge sind unterschiedlich. Die Registrierung für diesen Dienst ist allerdings kostenlos, und einen Versuch ist es wert, zumal seit einigen Monaten das erwirtschaftete Geld auch überwiesen wird, statt des früher aus Übersee gesendeten Schecks. Vorsicht: Man darf nicht dazu aufrufen, auf diese Google-Ads zu klicken – sonst kann es passieren, dass man disqualifiziert wird und aus dem AdSense-Programm fliegt (*https://www.google.com/adsense/*).

Intro

Podcasts hören

Podcaster im
Porträt

Podcasts
produzieren

Goldene Regeln

Eigenwerbung

Geld verdienen

Outro

Amazon-Partner werden

Wer im Podcast gerne mal über Bücher, Filme oder Musik spricht, der sollte natürlich auch an eine Amazon-Partnerschaft denken. Hier kann man entweder blinkende Banner installieren, die auf Amazon-Aktionen aufmerksam machen oder eine kleine Amazon-Suchmaschine auf der Seite integrieren.

Praktisch ist es vor allem, wenn man ein bestimmtes Buch oder eine CD bespricht und diese dann direkt verlinken kann. Wenn Hörer auf diesen Link klicken und das Produkt (oder etwas anderes auf der Amazon-Seite) kaufen, fallen rund 5 Prozent für den Podcaster ab. Auf diese Möglichkeit sollte man die Hörer ruhig hinweisen – wer ohnehin gerne bei dem Versandriesen einkauft, dem macht es bestimmt nichts aus, den kleinen Umweg über die Homepage zu gehen – und so seinen Lieblingspodcaster zu unterstützen. Das kann vor allem um die Weihnachtszeit herum äußerst lukrativ sein.

Der Senseo-Rülpser

Adam Curry war auch im Bereich Werbung Vorreiter. Er outete sich bald schon als Senseo-Freund und stellte einen Amazon-Link mit der Kaffeemaschine auf seine Seite. Innerhalb kürzester Zeit kauften die Curry-Hörer so viele Senseo-Maschinen, dass Adam Curry pro Monat rund 400 Dollar daran verdiente. Später musste er vom Koffein aufstoßen und kreierte so den Senseo-Rülpser. Immer wenn er rülpste, sagte er daraufhin „Senseo". So brannte sich die Marke bei den Hörern ein – und ein fabelhafter Running Gag war geboren.

Affiliate-Verzeichnisse

Natürlich gibt es auch in diesem Bereich wieder Mittelsmänner. Praktisch ist es natürlich, wenn man auf einer Seite angemeldet ist und von dort aus auf die verschiedensten Anzeigen zurückgreifen kann: mal eine Spendenaktion für den WWF, dann ein Parfüm-Schnäppchen und am nächsten Tag eine neue CD. Möglich wird dies durch Verzeichnisse wie *http://www.affili.net* oder *http://www.tradedoubler.com*, beide übrigens aus Bayern.

Besonders bieten sich natürlich Anzeigen an, die gut zum persönlichen Profil passen. Da Podcast-Hörer gerne Stimmen und gesprochene Worte hören, bietet es sich beispielsweise an, das Hörbuch-Downloadportal Audible mit ins Boot zu nehmen. Da Podcast-Hörer oft auch Apple-Fans sind, kann man auch auf den iTunes-MusicStore verlinken oder auf den Apple-Shop oder auf einen Zubehör-Shop für den iPod. Hier kann man sich einfach ausprobieren und sehen, was funktioniert.

 Auf „Schlaflos in München" funktionieren vor allem das persönlich gestaltete Audible-Banner sowie Anzeigen für Zeitungsabos und individuelle Produkttipps, die ich im Podcast auch erwähnt habe und anschließend verlinke.

Intro

Podcasts hören

Podcaster im
Porträt

Podcasts
produzieren

Goldene Regeln

Eigenwerbung

Geld verdienen

Outro

Spenden sammeln

Podcasting kostet Geld. Schließlich will man eine Internetseite, ein neues Mikrofon oder einen Skype-Anrufbeantworter finanzieren. Daher ist es überhaupt nicht verwerflich, die Hörer direkt um eine Spende zu bitten. Die einfachste und weit verbreitete Möglichkeit dazu ist PayPal (*http://www.paypal.de*). Hier legt man sich ein Konto an und kann anschließend einen Spende-Button auf seiner Seite integrieren. Dabei kann man entweder dem Spender überlassen, wie viel er spenden möchte, oder einen Betrag vorgeben. Es gibt sogar die Möglichkeit, automatisch regelmäßig zu spenden – so kann man dem Lieblings-podcaster beispielsweise automatisch einmal im Monat drei Euro zukommen lassen.

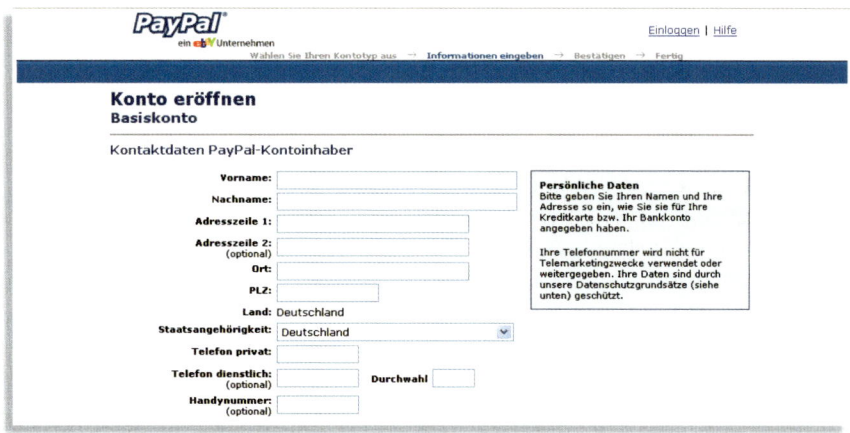

Ein Spendenkonto bei PayPal einrichten

Sponsoren suchen

Zunächst einmal muss man einen großen Unterschied machen zwischen Sponsoren und Werbung. Werbung bedeutet, dass man für ein bestimmtes Produkt die Werbetrommel rührt, also nur Positives darüber sagt, und die eigene Meinung (falls sie eigentlich eine andere ist) hintenan stellt.

Sponsoring bedeutet im besten Fall, dass jemand einen bereits existierenden Podcast finanziell unterstützt – ohne auf den Inhalt Einfluss zu haben. Das ähnelt dem Sparkassen-Plakat beim örtlichen Volleyball-Turnier.

Die große PodShow macht es vor. Da wird ein Spot gespielt von der E-Mail-Firma Earthlink, dann wieder schwärmt Adam Curry von einem kleinen iDog, einem Hündchen das zur iPod-Musik tanzt, auf der Internetseite schließlich blinkt einem Absolut-Vodka-Werbung entgegen. Auch Internetanbieter GoDaddy ist auf den Podcast-Wagen aufgesprungen und ist eine Kooperation mit PodShow eingegangen. Wer einen Podcast hört, erfährt dort einen speziellen Code, den er bei der Anmeldung bei GoDaddy eingeben muss. Dafür bekommt er einen Rabatt oder Sonderleistungen, und der Podcaster darf sich über Einnahmen freuen. Geregelt wird all das durch die dynamische (also automatische und dennoch variable) Einbindung von Werbeclips. Sponsoren gibt es für Podcasts durchaus – man muss sie nur suchen.

Hier gilt aber vor allem eines: Ehrlichkeit! Es zahlt sich aus, wenn man immer sofort sagt, wenn etwas Werbung ist oder wenn man dafür bezahlt würde, ein Produkt anzupreisen. Sonst verliert man schnell seine Glaubwürdigkeit als Podcaster und ist bei den Hörern ähnlich schnell unten durch.

Mit Werbeclips sollte man vorsichtig sein – sie können schnell nerven. Wie sich in Amerika und Kanada bereits gezeigt hat, hat Podcast-Werbung vor allem dann Erfolg, wenn sie in den jeweiligen Podcast integriert wurde, also wenn damit im Stil der Sendung experimentiert wurde. Als störend wird es wohl auch niemand empfinden, wenn kurz vor Beginn des Podcasts eine Stimme kurz darauf hinweist, dass „dieser Podcast möglich gemacht wird von ..."

Intro

Podcasts hören

Podcaster im
Porträt

Podcasts
produzieren

Goldene Regeln

Eigenwerbung

Geld verdienen

Outro

Podcast-Werbedienste

Natürlich haben einige findige Geschäftsleute eine Marktnische für sich entdeckt: Sie vermitteln zwischen Podcastern und Konzernen. Ein Beispiel dafür ist Fruitcast (*http://www. fruitcast.com*). Die Firma lädt den registrierten Podcast als MP3 herunter, fügt Werbung ein und schickt ihn dann an die Hörer weiter. Nach dem offiziellen Rechenbeispiel von Fruitcast könnte man so zehn US-Cent pro Hörer und Folge verdienen.

Auch Kiptronic (*http://www.kiptronic.com*) ist auf den Zug aufgesprungen. Eigentlich hatte sich das Team auf den Austausch von Promos spezialisiert, mittlerweile kann aber auch hier Werbung geschaltet werden. So kann ein Werber gezielt eine bestimmte Anzahl von Hörern aus einer von ihm ausgewählten Region ansprechen. Kiptronic hat zudem eine Kooperation gestartet mit dem Komplettservice LibSyn. Ein ähnliches Vermarktungssystem hat im Januar 2006 auch die Firma Podtrac aus Washington begonnen (*http://www. podtrac.com*). Für den deutschsprachigen Markt sind diese Angebote jedoch bislang nicht lukrativ.

Feedburner (*http://www.feedburner.com*) versucht sich ebenso auf dem Werbevermittlermarkt zu etablieren. Die Seite ist aber vor allem deswegen einen Besuch wert, weil hier nach Eintragung des eigenen Feeds wertvolle Statistiken verfügbar sind – ein nützlicher Dienst für all jene, die ihren Podcast-Feed selbst erstellen und nicht bei Komplettanbietern wie PodHost oder LibSyn sind. Im November 2004 hat Feedburner gerade einmal 212 Podcasts gezählt – heute sind es über 41.000.

In Deutschland sind ähnliche Dienste gerade im Entstehen. So baut beispielsweise die Fullservice-Agentur AD ON Media gerade ein Modell auf, mit dem Podcaster vernetzt und vermarktet werden sollen. „Allein ist es schwer für einen Podcaster, Geld mit seinen Beiträgen zu verdienen", sagt Sebastian Kreinau, der Geschäftsführer. Mit der Geschäftsidee, die übrigens verbunden ist mit Dopcast (*http://www.dopcast.de*), sollen Werbeeinnahmen erzielt werden, die dann unter den Teilnehmern verteilt werden sollen. Und das angeblich sogar kostenfrei.

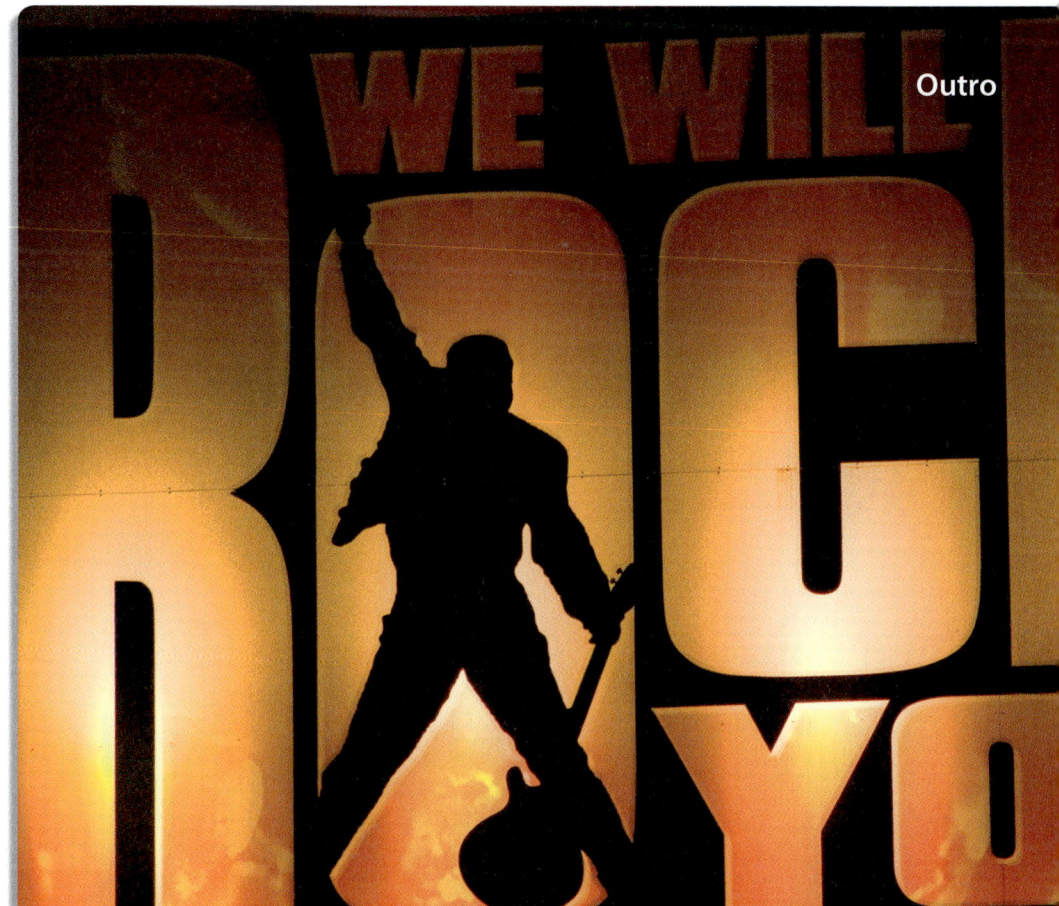

Outro

Intro

Podcasts hören

Podcaster im
Porträt

Podcasts
produzieren

Goldene Regeln

Eigenwerbung

Geld verdienen

Outro

Was bringt die Zukunft?

Kostenpflichtige Podcasts

Was die Zukunft bereithält, ist schwer zu sagen. Einiges zeichnet sich aber längst ab: Es wird Podcasts geben, die nicht mehr kostenlos sind. Die Technologien dafür gibt es bereits. Wenn für einen Podcast Geld verlangt werden soll, so muss dieser in erster Linie vor Raubkopien geschützt werden, so wie Musikclips im iTunes Music Store. Die amerikanische Firma Audible hat daher „Audible WordCast" entwickelt (*http://wordcast.audible.com*), mit dem man einzelne Episoden verschlüsseln und kostenpflichtig anbieten kann. Für private Nutzer ist dies allerdings derzeit kaum erschwinglich, da pro Download abgerechnet wird – und das kann schnell ins Geld gehen, wenn die Hörerzahlen steigen. Denkbar ist aber durchaus, dass man in diesem oder einem ähnlichen Format beispielsweise Workshops oder Seminare einzeln verkauft.

Mehr Videocasts

Es wird natürlich auch vermehrt Videocasts geben, und in diesem Zusammenhang hoffentlich auch eine Spaltung von Podcasts und Videocasts in iTunes, da dort bereits jetzt ein heilloses Durcheinander herrscht. Da Videocasts ein komplett anderes Feld sind als Podcasts, wurden sie in diesem Buch größtenteils ausgeklammert.

Bessere Audioqualität

Die verbesserten Produktionsbedingungen werden auch vor Podcasts nicht Halt machen, wie beispielsweise die Folge 14 des Tech-Podcasts Diggnation (*http://www.diggnation.com*) zeigt. Die Technik-Freaks strahlten diese Folge in 5.1 Surround-Technologie von Dolby aus. Ob man das braucht, sei dahingestellt – Hauptsache, es geht.

Und vor allem: Es wird noch mehr Podcast-Hörer geben. Manche Forschungsinstitute (TheDiffusion Group) gehen davon aus, dass im Jahr 2010 drei Viertel aller iPod-Besitzer auch Podcasts hören werden, 56 Millionen Podcast-Abonnenten soll es dann geben.

Auch die Analysten von Bridge Ratings sind mutig und gehen von 45 bis 75 Millionen Hörern im Jahr 2010 aus. Etwas vorsichtiger ist das Forrester-Institut und spricht von 12,3 Millionen. Der Weg zum Massenmedium ist also nicht mehr weit, wenn man diesen Quellen Glauben schenken mag. Und einig sind sich die Analysten vor allem, dass das Medium ideal ist, um ein Nischenpublikum zu erreichen.

Und die Vision?

Jedem sein Podcast. Podcasting lebt durch die Vielfalt, durch unterschiedliche Stimmen, Akzente, Sprachen, Geschichten, Charaktere. Vielleicht ist es bald ganz normal, dass Schulkinder ihr schönstes Ferienerlebnis nicht niederschreiben, sondern mit einem kleinen Kassettenrekorder eine Mini-Reportage erstellen und diese als Podcast der gesamten Schulklasse online stellen. Vielleicht ist es bald ganz normal, dass ein Au-pair-Mädchen seine Daheimgebliebenen durch einen Podcast auf dem Laufenden hält, was sie so erlebt in der Ferne. Vielleicht ist es bald auch ganz normal, dass man sich die in der Uni verpasste Vorlesung als Podcast herunterladen kann. Ich hoffe all das.

Ich hoffe vor allem, dass die Kinder und Jugendlichen das Podcasting für sich entdecken. Derzeit sind die meisten Podcaster zwischen 25 und 40 Jahre alt. Es sind Menschen, die das Radio von früher liebten, als die Moderatoren noch kauzig und einzigartig waren und ihre eigene Musik mit ins Studio brachten. Podcasting ist für uns eine nostalgische Erinnerung an das Radio wie es einmal war. Kinder kennen nur Formatradio – aber vielleicht entdecken sie durch das Podcasting, wie wichtig Stimmen sind, und wie schön es ist, der Fantasie beim Hören freien Lauf zu lassen.

Podcasting ist kein Hype oder Trend, kein Strohfeuer, das bald erlischt. Es ist eine wunderbare Ergänzung zu unserer Medienwelt, ein Schritt hin zu mehr menschelnder Authentizität in den Medien und weg von steriler und fehlerfreier Fließbandproduktion. Die Themen und Ideen für neue Podcasts sind noch längst nicht ausgeschöpft – und hier hat wirklich jeder seine Möglichkeit auf 15 Minuten Ruhm.

Index

80x15-Buttons 60

A

Affiliate-Verzeichnisse 91
Affiliates 89
Amazon-Partner 90
Audacity 41
   Kompressor 36
   Rauschentfernung 36
AudibleAir 14
Audible WordCast 96
Audio-Interface 39
Audio Hijack Pro 44
Authentizität 63

B

Baron, Andrew 28
Bayerischer Rundfunk 29
BBC 29
Behringer 39
Berlin von unten 22
Bitrate 43
Bloom, Ron 17
BMW 31
Böse Kommentare 69
Brummen 34
Butler, Martina 30
Butler, Michael 30, 88

C

CastBlaster 43
Chang, Howard 24
Chapados, Kevin 28
Chickseria 23
Chicks on Tour 22
Congdon, Amanda 27, 28
Cover 71
Creative Commons 75
Curry, Adam ix, 2, 16, 75, 90

D

Daily Source Code ix, 16
Dawn und Drew 27
Deutsche Welle 29
Disney 31
Domkus, Drew 27
Dopcast 94
Doppler 12
Double Ender 60

E

Ebay 31
Endurance Radio 30
Enhanced Podcast 56
Entirely Entertaining 23

F

Feedburner 94
Feed Validator 49
Fletcher, Scott 88
Frank, Tina 22, 23
Frappr 67
Fruitcast 94

G

Garageband 44
Garageband.com 73
Garfield, Steve 28
Gastauftritte 80
GEMA 72
Google AdSense 89
GrapeRadio 88
Grundausstattung 34
Gute Organisation 70

H

HBO 31
Hotrecorder 59
Huth, Dave 28

I

ID3-Tags 71
Impressumspflicht 76
Interaktivität 64
Interviews 83
Interviews führen 54
iPodder ix, 12
iRiver 39, 53

iTunes 3
    Archiv 12
    Intelligente Wiedergabelisten 11
    manuell abonnieren 9
    Podcasts abonnieren 9
    Schlagwortsuche 7
    Suche im Verzeichnis 7
    Symbole 10
    Top 25 5
iTunes Version 4.9 5

J

Jobs, Steve 5
Juice 12

K

Kermode, Marc 29
Kilians Podkost 21
Kinnen, Rickie 22, 23
Kiptronic 94
Kommentarfunktion 64
Kondensator-Mikrofon 37
Kopfhörer 40
Kostenpflichtige Podcasts 96

L

LAME Encoder 43
Lemotox 66
LibSyn 47
Loudblog 49
Lüftergeräusch 35

M

M-Audio 39
MacManiacs 66
Marschner, Claudia 22
Massenkommunikation 2005 xii
McIntyre, Chris 18
MDR 29
Mercedes-Benz 31
Miceli, Dawn 27
Miller, Richard 26
Mischpult 38
Mobilcast 14
MommyCast 27
MP3-Kommentare 64
MP3Gain 60
Muster, Kilian 21

N

NDR 29
New Oxford American Dictionary xi
Nimiq 12
NPR 29

O

Ö3 29
Odeo 13
Oestreich, Nicolas xiii
Online-Umfrage 66

P

Pamela 59
PayPal 92

Phantomspeisung 37
Phonecaster 14
Podcast-Pioniere 16
Podcast-Verzeichnisse 14
Podcast-Werbedienste 94
Podcast-Wettbewerbe 82
Podcast-Wiki 19
Podcastalley 18
Podcasthörer-Erkennungszeichen 66
Podcastschau 2
Podcastumfrage 32
Podcatcher 12
PodCheck Review 88
PodFinder 2
PodHost 45
PodNova 12
PodParade 2
Podsafe Music Network 73
Podscope 2
PodShow 17
Promos 79

Q

Quicktime 45

R

Rauschen 34
Recherche 54
Rechtliche Seite 72
Regelmässigkeit 62
Rekord-Podcast ix
Rocketboom 27

Rock and Roll Geek Show 88
RSS 58

S

Samplefrequenz 43
Samsung YP-T6 40
Schmidt, Harald 30
Senseo 90
Sharp 39
Shepherd, Dave 24, 53
Shepherd, Howard 24
Shownotes 52, 78
Simon, Nicole xiii
Skype-Anrufbeantworter 65
Skype-Calls 59
Sounddogs 60
Soundflower 59
Soundseeing 53
Sparkletack 26
Spenden 92
Sponsoren 93
Springer, Axel 31
Steuer 76
SWR1 Leute 29

T

Tagesschau xiii
Telefoninterviews 74
Tentler, Frank 2
The Ricky Gervais Show ix
This Week in Tech ix, 88
Transistr 12

U

Urheberrecht 74

V

van Aaken, Gerrit 49
Verzeichnisse 84
Videocasts 96
Vorproduzieren 47

W

Wanhoff, Thomas xiii, 18
Warner Bros. 31
WDR 29
Wiedererkennungseffekte 68
Wikipedia 80
WinAmp 45
Winer, Dave ix
WordPress 49
Word Nerds, The 24
Wossilus, Gregor 23
Wunschel, Alex 32, 68

iPod
Das Buch zum Kult-Player

von Yasukuni Notomi
2005, ISBN 3-89721-401-6
128 Seiten, 14,00 Euro

Der iPod ist mehr als ein Player - Kultobjekt, Modephänomen und Ausdruck eines Lebensgefühls. Mehr als 10 Millionen iPods hat Apple inzwischen verkauft, und es werden immer mehr.

In diesem kompakten, wunderschön gestalteten Buch erfährt der iPod-Nutzer, was sein kleiner Liebling eigentlich so alles kann. Vom »Befüllen« des iPod mit Musik über die Organisation der Stücke und das Brennen auf CD/DVD bis hin zum Abspielen über das Autoradio und die Nutzung als Speicher für Adressen und Kalender – das Buch ist bis zum Platzen mit praktischen Infos gefüllt.

anfragen@oreilly.de • http://www.oreilly.de • +49 (0)221-97 31 60-0

iPhoto 6
Das Buch zur Fotosoftware

Rudolf Steffens
1. Auflage Mai 2006, ca. 160 Seiten
ISBN 3-89721-439-3, ca. 14,90 Euro

Schick in der Aufmachung und randvoll mit nützlichen Informationen bietet dieses Taschenbuch einen kompakten Überblick über Apples Fotosoftware. Ohne langes Suchen finden Sie hier alles, was Sie über das Importieren, Verwalten oder Präsentieren Ihrer digitalen Bilder wissen müssen. Verständliche Anleitungen und Beispiele vermitteln Techniken und Tipps, durch die Sie die Qualität Ihrer Fotos deutlich verbessern. Ebenfalls enthalten: eine Checkliste zum Kamerakauf. Ein Buch, mit dem es Spaß macht, die Möglichkeiten dieser Fotosoftware zu entdecken.

anfragen@oreilly.de • http://www.oreilly.de • +49 (0)221-97 31 60-0